Matthias Hilbert

Außergewöhnliche Glaubensboten in Ostfriesland

Vier Personenporträts:

Liudger – Johannes a Lasco – Menno Simons – Karl Immer

Impressum:

Außergewöhnliche Glaubensboten in Ostfriesland

Vier Personenporträts:
Liudger – Johannes a Lasco – Menno Simons – Karl Immer

von Matthias Hilbert

Ausgabe vom 1. 08. 2021

Herausgeber: Adlerstein Verlag
                        Hans-Jürgen Sträter
                        kontakt@adlerstein.de
                        www.adlerstein-verlag.de

Herstellung und Verlag: BoD - Books on Demand, Norderstedt
ISBN: 9783754323410

Coverbild: Ruine der Großen Kirche in Emden mit integrierter
                        Johannes a Lasco Bibliothek.
                        Quelle: Ostfriesische Landschaft

Inhalt

Vorwort

„Ihr wisst, dass die Herrscher ihre Völker niederhalten
und die Mächtigen ihnen Gewalt antun.
So soll es nicht sein unter euch;
sondern wer unter euch groß sein will, der sei euer Diener."
Matthäus 20,25f

In diesem Buch erzählt Matthias Hilbert erneut vom Leben und Wirken außergewöhnlicher Zeugen des christlichen Glaubens in Ostfriesland. Diesmal spannt er einen weiten geschichtlichen Bogen.

Er beginnt mit den Pionieren der Christianisierung Ostfrieslands im 8. Jahrhundert: **Wilfrid, Willibrord, Bonifatius** und **Willehad**. Ein eigenes Kapitel ist **Liudger** gewidmet, dem ersten friesischen Bischof. Danach folgen die Lebensbilder zweier markanter und wirkungsstarker Persönlichkeiten der Reformationszeit: Johannes a Lasco und Menno Simons. Schließlich wird uns ein tatsächlich außergewöhnlicher Bekenner aus der Zeit des Nationalsozialismus vorgestellt: der reformierte Pastor Karl Immer.

Über die Jahrhunderte hinweg kann man hier als ein Leitmotiv die kritische Frage verfolgen, wie es die Glaubenszeugen jeweils mit der Gewalt der Herrschenden hielten: Segelten sie mit ihrer Mission und mit ihrem Gemeindeaufbau einfach im Kielwasser der Mächtigen? Oder durchkreuzten sie den Teufelskreis von Gewalt und Gegen-gewalt, indem sie in Wort und Tat Zeugnis ablegten von dem Einen, der die äußerste Niedrigkeit auf sich nahm, um den Menschen zu helfen, und der die Feindesliebe predigte – im Widerspruch gegen alle Gewaltherrschaft?

Im Blick auf die Christianisierung Ostfrieslands zitiert Matthias Hilbert dazu das kritische Urteil des Nestors der ostfriesischen Kirchengeschichte, Menno Smid: „Die Prediger des Evangeliums hatten die politische Neutralität verlassen und sich eindeutig auf die Seite des derzeit politisch Stärkeren geschlagen. Militärische Unterwerfung und Missionierung ergänzten sich." Wirklich über-zeugen konnten die Missionare die heidnischen Friesen allerdings nur, wenn sie auch dann für die Wahrheit des Glaubens einstanden, wenn dieses Zeugnis sie das Leben kosten konnte. Mit einer solchen Haltung scheint Friesenapostel Willibrord sogar den König Radbod beeindruckt zu haben, der sich allerdings bis an sein Lebensende einer Christianisierung widersetzte.

Mögen die mittelalterlichen Lebensbilder der Friesenmissionare auch teilweise legendarischen Charakter haben, so zeugen sie immerhin auch von der Einsicht, dass eine Christianisierung, die ihren Namen verdient, nicht mit Schwert und Feuer durchgesetzt werden darf, sondern auf das überzeugende Beispiel in der eigenen Lebensführung angewiesen bleibt. Bereits Luidgers geistlicher Mentor Alkuin formulierte die Erkenntnis: „Zum Glauben kann der Mensch wohl gezogen, nicht aber gezwungen werden." Dennoch kam es auch vor den Augen der Friesenmissionare noch zu Zwangstaufen und zu der damit verbundenen Gewalt – ohne dass ein kritisches Wort des Friesenbischofs Luidger dazu überliefert wäre.

Einen anderen Charakter tragen – in ganz anderer Zeit – die Konzepte zur Kirchenreform des polnischen Humanisten und Reformators **Johannes a Lasco**. Sie suchen die kirchliche Unabhängigkeit von staatlichen Vorgaben, bleiben freilich dennoch angewiesen auf das Wohlwollen und den zugestandenen Gestaltungsraum der Landesherren. So erleidet a Lasco an verschiedenen Orten seines Wirkens das Schicksal der Vertreibung. Nicht nur eine gewaltsame Zurückdrängung reformatorischer Einflüsse wie in England, sondern auch die religionspolitische Schaukeltaktik des ostfriesischen Grafenhauses zwingen ihn hier und dort, Reform und Aufbau der Kirche immer wieder aus der Hand zu geben. Der Hirte der Flüchtlingsgemeinden wird selber zum Flüchtling. In der Summe formt sich sein Lebensweg über zahlreiche Stationen hinweg zu einer umfassend europäischen Biografie. Dass die Stadt Emden 450 Jahre nach seiner dortigen Wirksamkeit den Titel: „Reformationsstadt Europas" erhält, das hätte ihm sicherlich Genugtuung bereitet.

Dem folgenden Lebensbild stellt Matthias Hilbert eine kurze Schilderung der Täuferbewegung voraus, des „linken Flügels der Reformation". In der Nachwirkung ragt aus dieser Bewegung der

Witmarsumer **Menno Simons** heraus, der bis heute seine Spuren nicht allein in Ostfriesland, sondern in den Mennonitengemeinden weltweit hinterlassen hat. Wegweisend werden für ihn und seine Gemeinden Bekenntnis und Praxis eines konsequenten Verzichts auf Gewalt: „Wir kennen und brauchen kein anderes Schwert, denn das, welches uns Christus Jesus selbst aus dem Himmel auf die Erde gebracht hat, nämlich das Schwert des Geistes", so proklamierte Menno. Unbestechlich in ihren theologischen Positionen, zugleich respektvoll im Umgang miteinander, haben Menno Simons und Johannes a Lasco seinerzeit in Emden ihren theologischen Streit ausgefochten – bewaffnet allein mit jenem „Schwert des Geistes". Ihr ebenso wahrhaftiger wie brüderlicher Streit ist beispielhaft – damals wie heute.

Am Nächsten rückt uns schließlich Matthias Hilberts persönliches Portrait von **Karl Immer**, der im Pfarrhaus in Manslagt aufwuchs, als Sohn eines früheren Missionars. Denkwürdig bleibt das Zeugnis des späteren Bundespräsidenten Johannes Rau über die Verkündigung und Seelsorge des Pastors seiner Wuppertaler Kindheit: „Sein Wort war kraftvoll, aber es konnte leise sein. Tapfer war es immer." Solche Tapferkeit war im Kirchenkampf gegen die Gewaltherrschaft der Nazis keine bloße Redensart. Sondern sie forderte schnell auch die persönliche Bereitschaft, um des Glaubens willen zum Märtyrer zu werden: also für das christliche Bekenntnis das eigene Leben zu riskieren. Das ist nicht von jedermann zu erwarten. Karl Immer aber war dazu bereit. Sein Bruder Hermann, der Manslagter Pastor, hatte den Dreh- und Angelpunkt der von ihm beförderten ostfriesischen Erweckungsbewegung bereits darin gefunden: dass der Heilige Geist selber in der Wendung zum Gottvertrauen Menschen von aller Furcht befreit.

Dass Matthias Hilbert in den hier vorgelegten Lebensbildern genau davon anschaulich und nachfühlbar erzählt, dafür ist ihm herzlich zu danken!

Kirchenpräsident Dr. Martin Heimbucher
Evangelisch-reformierte Kirche
Leer, 10. Mai 2021

Außergewöhnliche Glaubensboten in Ostfriesland

1. Missionsbemühungen in Friesland vor oder neben Liudger

a) Wilfrid, der nur kurz unter den Friesen missionierte

Die Christianisierung der Friesen – inklusive der „Ostfriesen" – geschah relativ spät und erfolgte zudem in einem langwährenden Prozess. Zwar hatte bereits 678 der fromme Yorker Bischof Wilfrid auf seiner Durchreise zum Papst nach Rom die Gelegenheit genutzt, unter den Friesen zu missionieren. Er hatte dabei sogar gewisse Erfolge erzielt, doch fehlte es seinem missionarischen Wirken an Durchschlagskraft und Nachhaltigkeit. Das war zum einen darin begründet, dass sein Aufenthalt unter den Friesen von zu kurzer Dauer war und nur punktuell an bestimmten lokalen Stellen erfolgen konnte. Zum anderen mag es daran gelegen haben, dass der Friesenkönig Aldgisl ihm zwar die Missionstätigkeit erlaubt hatte, selbst aber nicht zum Übertritt zum Christentum bereit war. Vorteilhaft für Wilfrids missionarisches Bemühen war jedoch gewesen, dass er als Angelsachse den Friesen sprachlich näherstand als dies bei den Franken der Fall war. Außerdem war seine Mission zu der Zeit noch frei von politischen Belastungen.

b) Willibrord, der auch „Apostel der Friesen" genannt wird

Unter Aldgisls Nachfolger Radbod, König der Friesen von 679-719, veränderten sich die politischen Rahmenbedingungen erheblich. In seinem Bestreben, sein großfriesisches Reich weiter auszubauen – es erstreckte sich in einem breiten Streifen an der Nordseeküste entlang vom Fluss Het Zwin bei Brügge bis nach Butjadingen an der Unterweser –, geriet er zwangsläufig in Konflikt mit dem nach Norden drängenden fränkischen Reich. Schließlich besiegten die Franken unter Pippin dem Mittleren 689 Radbod und seine Krieger bei Dorestad. Damit verlor der Friesenkönig im Westen einen großen Teil seines Reiches.

Kurz darauf wandte sich mit Willibrord (um 658-739) ein weiterer angelsächsischer Missionar der von Wilfrid begonnenen Friesenmission zu. Willibrord stammte aus Northumbrien und hatte seine

Ausbildung zunächst in dem englischen Benediktinerkloster Ripon erhalten, dessen Vorsteher Wilfrid war, und danach in dem irischen Kloster Rathmelsigi. Zusammen mit zwölf Gefährten brach er dann im Jahr 690 zur Mission unter den Friesen auf. Dabei traf er eine kirchenpolitische Entscheidung von erheblicher Tragweite: Er erklärte sich zum Gefolgsmann des christlichen Franken Pippin, welcher soeben dem heidnischen Friesenkönig Radbod eine empfindliche Niederlage zugefügt hatte. „Wodurch sonst auch immer diese Entscheidung bestimmt sein mochte", urteilt Menno Smid, „hatte sie doch zur Folge, dass nun erst die politische Unterwerfung der Friesen durch die Franken den Fortschritt der christlichen Mission ermöglichte. Die Prediger des Evangeliums hatten die politische Neutralität verlassen und sich eindeutig auf die Seite des derzeit politisch Stärkeren geschlagen. Militärische Unterwerfung und Missionierung ergänzten sich. Dabei ging die Planung auf dem Gebiet der Mission viel weiter als die tatsächlichen Erfolge, die nun von militärischen und politischen Siegen oder Niederlagen abhängig wurden."

Außerdem bemühte sich Willibrord darum, für seine Person und sein Missionsvorhaben die Unterstützung des Papstes zu gewinnen. So war er bereits 692 zum ersten Mal zum Papst Sergius I. nach Rom gereist und erhielt von diesem auch die Zustimmung für seine missionarische Tätigkeit unter den Friesen. Drei Jahre später wurde er bei einem weiteren Besuch in Rom sogar (auf Verlangen Pippins) zum reisenden friesischen Erzbischof geweiht. Noch im selben Jahr veranlasste Pippin den Bau einer Kathedrale in Utrecht, da diese Stadt zum Bischofssitz für die geplante friesische Kirchenprovinz ausersehen worden war.

Willibrords Missionsbemühungen um die Friesen waren zunächst durchaus Erfolge beschieden. Das lag auch daran, dass das Christentum in dieser Zeit in der einen oder anderen franken-freundlichen Adelsfamilie Fuß fasste. Aus einer dieser Familien entstammte im Übrigen auch der bedeutende spätere Bischof Liudger, von dem noch die Rede sein wird (s. S. 22ff). Hier und da wurden aber auch ganz bewusst Kultstätten und -symbole zerstört, die den paganen Germanen heilig und ihren Göttern geweiht waren. Das sollte zum einen die zum Christentum Konvertierten davon abhalten, je wieder ihren alten Göttern zu huldigen. Zum anderen sollte es aber auch die Machtlosigkeit ihrer Götter (und damit deren Nicht-Existenz) zeichenhaft demonstrieren. Doch bargen solche Demonstrationshandlungen auch ein Risiko in sich: Sie konnten zwar die Menschen durchaus beeindrucken, so dass sie bereit waren, sich für den ihnen verkündigten christlichen Glauben zu öffnen. Auf der anderen Seite konnten sie aber auch als gewalttätige und übergriffige Provokationen empfunden werden. Letzteres erlebte Willibrord einmal – so berichtet es jedenfalls der fränkische Gelehrte Alkuin (735-804) in seiner Willibrord-Hagiographie – während eines Aufenthaltes auf einer Nordseeinsel (vermutet wird Helgoland), wo er nach einer Missionsreise zu den Dänen einen Zwischenstopp eingelegt hatte.

Nach Alkuin spielte sich der Vorfall so ab: „Er (Willibrord) gelangte im Grenzgebiet von Friesen und Dänen zu einer Insel, die von den Einheimischen nach ihrem Gott Fosite ‚Fositenland' genannt wurde, weil auf ihr Heiligtümer dieser Gottheit errichtet waren. Diese Stätte wurde von den Heiden mit solchem Respekt behandelt, dass niemand unter dem Volk es wagte, eines der dort weidenden Tiere oder irgendwelche andere Gegenstände zu berühren, oder sich anmaßte, aus der Quelle, die dort sprudelte, das Wasser anders als schweigend zu schöpfen. Als der Gottesmann durch einen Sturm dorthin getrieben worden war, hielt er sich dort einige Tage auf, (…) Weil er aber den törichten Kult jener Region verachtete, vielleicht auch den wilden König, welcher die Frevler an den Heiligtümern dieser Gegend mit qualvollem Tode zu bestrafen pflegte, taufte er drei Menschen in dieser Quelle unter Anrufung der heiligen Dreieinigkeit, ließ aber die dort weidenden Tiere als Nahrung für die Seinen schlachten. Die Heiden, welche dies beobachteten, glaubten, dass diese Menschen entweder dem Wahnsinn verfallen seien oder durch einen schnellen Tod ereilt würden. Als sie aber sahen, dass ihnen kein Leid widerfuhr, meldeten sie das, was vor ihren Augen geschehen war, ihrem König Radbod. Dieser, in maßlosem Zorn entbrannt, beabsichtigte, die seinen Göttern zugefügten Übergriffe an dem Priester des lebendigen Gottes zu rächen, und warf im Laufe von drei Tagen je dreimal nach seiner Gewohnheit das Los, niemals aber konnte das Los der Verurteilten auf einen Diener Gottes oder irgendeinen der Seinen fallen, (…) Nur ein einziger unter den Gefährten wurde vom Los getroffen und mit dem Martyrium ausgezeichnet."

Als Willibrord zu Radbod gerufen wurde und wegen jener Schändung harte Vorwürfe einstecken musste, soll er dem König entgegnet haben, dass dieser „mit verderblichem Irrglauben verblendet" sei, und es „nur einen einzigen Gott gibt, und das ist der, welcher Himmel und Erde und alles, was darin ist, erschaffen hat". Dann beschwor er Radbod, sich diesem „einzigen und allmächtigen Gott" zuzuwenden und „ein neues Leben in Nüchternheit, Gerechtigkeit und Heiligkeit" zu führen. Damit stößt der Missionar bei dem Friesenkönig freilich auf taube Ohren.(1) Dennoch ist dieser davon beeindruckt, dass Willibrord sich so furchtlos verhalten hat und attestiert ihm: „Deine Worte entsprechen deinen Taten." Daraufhin wird der „Frevler" zum fränkischen Machthaber zurückgeschickt – also des Landes verwiesen.

Pippin der Mittlere starb 714. Diese Gelegenheit nutzte Radbod aus, um ein mächtiges friesisches Heer um sich zu versammeln und den Franken die Gebiete wieder zu entreißen, die sie ihm einst genommen hatten. Darüber hinaus drang Radbod nach Austrien ein, dem östlichen Teil des fränkischen Reiches, und brachte sogar Köln unter seine Gewalt. (Die Franken kauften die Stadt dann gegen große Teile ihres Reichsschatzes wieder frei.) Auf seinem Eroberungszug ließ Radbod Kirchen niederreißen oder niederbrennen, Priester und Missionare vertreiben und heidnische Altäre, Tempel und Götterhaine wiederherstellen.

Schon bald nach Radbods Tod im Jahr 719 gelang es dem neuen fränkischen Machthaber Karl Martell, nicht nur die verloren gegangenen Gebiete wieder zurückzuerobern, sondern die Frankenherrschaft sogar bis zum Fluss Lauwers (ca. 35 km westlich von Groningen) auszudehnen. Das bedeutete aber auch, dass sich neue Möglichkeiten für die Missionierung der Friesen boten, die der von Karl Martell protegierte Willibrord weidlich zu nutzen verstand.

698 hatte Willibrord mithilfe einer Schenkung von Irmina von Öhren, der Ehefrau eines Pfalzgrafen, das im heutigen Luxemburg gelegene Kloster Echternach gegründet. Dort verstarb er am 7. November

837. Der Titel „Apostel der Friesen", der ihm beigelegt wurde, ist nach dem Urteil von Hans-Joachim Reischmann „angesichts seiner erfolgreichen Missionsarbeit im Land zwischen Rhein- und Wesermündung allgemein anerkannt" und „dank seines couragierten Engagements für die Christianisierung der dort lebenden Völker und Stämme unumstritten".(2)

Anmerkungen

(1) Schon zuvor soll Willibrord einmal Radbod aufgesucht haben. „Denn er scheute sich nicht", so Alkuin, „vor den damaligen Friesenkönig Radbod, der mit seinem ganzen Volk im Heidentum lebte, zu treten, und, wo auch immer sein Weg ihn hinführte, verkündigte er Gottes Wort mit aller Freimütigkeit. Aber der genannte Friesenkönig, obgleich er den Gottesmann aus Respekt freundlich empfing, ließ dennoch sein steinernes Herz durch die wärmenden Worte des Lebens nicht im Geringsten erweichen."

Über Radbod geht das Gerücht, dass er im Alter kurz vor seiner Taufe gestanden, dann aber unmittelbar vor dem eigentlichen Taufakt einen Rückzieher gemacht habe. Er soll nämlich auf seine Frage, ob sich seine Vorfahren im Himmelreich der Christen oder im höllischen Ort der Verdammnis befänden, von dem fränkischen Missionar Wulfram, der ebenfalls unter den Friesen wirkte, die Antwort erhalten haben, dass sie als Ungetaufte wohl dem Verdammungsurteil anheimgefallen seien. Daraufhin habe Radbod entschieden, nach seinem eigenen Tod ebenfalls bei seinen Stammesgefährten sein zu wollen, und deswegen die Taufe verweigert. In seiner Anfang des 12. Jahrhunderts erstellten Willibrord-Hagiographie – im Grunde eine stilistische Neubearbeitung der von Alkuin erstellten – kolportiert der Abt Thiofrid von Echternach den angeblichenTaufrückzieher Radbods so: „Dieser (…) war, sofern man der Überlieferung der Vorfahren Glauben schenken darf, durch die göttliche Predigt eines Apostels nicht nur zu den Grundlagen des katholischen Glaubens, sondern sogar zum Wasser der Taufe geführt worden. Als er aber seinen Fuß in das Wasser getaucht hatte, innerlich wie äußerlich in gleichem Maße schwankend und unsicher – mag sein deswegen, weil (…) der Wille von Königen meistens ebenso impulsiv wie schwankend und widerspruchsvoll ist –, da zog er ihn, zum Abtrünnigen geworden, in großer Hast wieder heraus…"

(2) D. Hensmann weist allerdings darauf hin, dass Willibrord die im Osten wohnenden Friesen selber noch nicht mit seiner Botschaft erreicht habe.

c) Bonifatius, der bei Dokkum den Märtyrertod erlitt

Auch Winfrid oder Wynfreth, wie Bonifatius ursprünglich hieß, ist Angelsachse gewesen. Er wurde zwischen 672 und 675 in dem damaligen Königtum Wessex, das im südwestlichen Teil Englands liegt, geboren. Seine Eltern, die wohl dem niederen Adel angehörten und über einigen Grundbesitz verfügten, gaben den Sohn schon früh zur Erziehung und Ausbildung in das Kloster Exeter. Später wechselte Winfrid dann in das Kloster Nursling, in dem er nicht nur zum Priester geweiht wurde, sondern auch selbst unterrichtete und verschiedene Lehrbücher verfasste. Obgleich er ganz offensichtlich eine verheißungsvolle Kirchen- und Gelehrtenlaufbahn vor sich hatte, entschloss sich Winfrid jedoch im Frühjahr 716, die Komfortzone des Klosters zu verlassen und als Missionar unter den Friesen zu wirken.

Mit einigen frommen Gefährten schifft er sich in London ein und lässt sich mit ihnen nach dem südlich von Utrecht gelegenen Handelsort Dorestad (heute Wijk bij Duurstede) bringen. Doch der Zeitpunkt für das Missionsabenteuer war denkbar ungünstig gewählt. Denn der Friesenkönig Radbod hatte gerade große Teile seines an die Franken verlorenen Reiches wieder zurückerobern können und den zarten Pflänzchen christlichen Lebens, die da und dort durch die Bemühungen des Willibrord aufgesprossen waren, den Garaus gemacht. „Ausgerechnet an diesen Gegner des Christentums", wundert sich der Bonifatius-Forscher Lutz Padberg, „wandte sich Wynfreth nun, der im Hochgefühl des Sieges natürlich nicht daran dachte, sich von einem ihm unbekannten ausländischen Priester bekehren zu lassen. Missionsfahrten auf eigene Faust hatten damals keine Chance, es bedurfte der Kooperation mit der staatlichen Herrschaft. Das musste Wynfreth einsehen, und so blieb ihm nichts anderes übrig, als im Herbst 716 mit seinen Leuten auf die Insel zurückzukehren."

Das Kloster Nursling nimmt den gescheiterten Friesenmissionar mit offenen Armen wieder auf. Im folgenden Jahr wird er sogar dessen Abt. Doch nur ein Jahr später (718) macht sich Winfrid erneut auf und verlässt seine Heimat für immer. Wiederum zieht es ihn an die Missionsfront.

Doch diesmal geht der Angelsachse planmäßiger vor. Er tritt zunächst eine Pilgerreise nach Rom an, wo er – ausgestattet mit Empfehlungsschreiben des für ihn zuständigen Diözesanbischofs von Winchester – im Mai 719 von Papst Gregor II. nicht nur offiziell von seinem Amt als Klosterabt entbunden wird, sondern von ihm auch den Auftrag erhält, „ungläubigen Völkern das Geheimnis des Glaubens bekannt zu machen". Gleichzeitig stattet er den von ihm ernannten Heidenmissionar mit einem neuen Namen aus: Bonifatius, „der gutes Schicksal Bringende", soll er ab sofort heißen. Wie der Heilige des Vortages, der einst vor über 400 Jahren den Märtyrertod erlitten hatte.

Nachdem Bonifatius von Rom wieder abgereist ist, begibt er sich – nach einer Stippvisite in Thüringen – wieder nach Friesland. Hier war inzwischen der widerspenstige Radbod verstorben, woraufhin sich die Machtverhältnisse wieder zugunsten der Franken zu verschieben begannen. Und was ebenfalls wichtig war: In Friesland hatte Willibrord erneut seine Missionsarbeit aufgenommen. Ihm schließt sich nun Bonifatius an. Vielleicht auch in der Hoffnung, von dem erfahrenen, ehrwürdigen Missionsmann lernen zu können. Und tatsächlich gehen die Missionsbemühungen der beiden Männer (und ihrer Mitarbeiter) unter fränkischem Schutz allem Anschein nach gut voran.

Doch bereits 721 beendet Bonifatius die Zusammenarbeit mit dem im siebten Lebensjahrzehnt stehenden Willibrord. Das hing vermutlich mit unterschiedlichen Ansichten der beiden Missionare zusammen, wie sie leicht entstehen können, wenn zwei Führungs-persönlichkeiten miteinander zusammenarbeiten sollen, die zudem noch unterschiedlichen Alters sind. „Darüber hinaus", vermutet Lutz von Padberg, „fühlte Bonifatius sich in Friesland eingeengt und sah sein eigentliches Ziel, die Mission bei den Sachsen, in die Ferne rücken. Außerdem hatte sich inzwischen die politische Lage im Frankenreich gefestigt, so dass dort selbständigeres Wirken möglich wurde."

Doch zeigten die kommenden Jahre und Jahrzehnte, dass der Schwerpunkt von Bonifatius' Wirksamkeit nicht bei den sächsischen Volkschaften, sondern vorrangig innerhalb des Fränkischen Reiches liegen sollte. (Allerdings missionierte Bonifatius gerne immer wieder mal in fränkisch-sächsischen Grenzgebieten. Als Angelsachse sah er die auf dem Kontinent lebenden „Altsachsen" gewiss als Stammesverwandte an, deren Missionierung ihm daher ein besonderes Anliegen gewesen sein dürfte.)

Bonifatius' Wirken im heutigen Hessen ist im kollektiven Gedächtnis der Deutschen untrennbar mit der Fällung jener mächtigen „heiligen" Eiche verbunden, die in Geismar gestanden haben soll und die der germanischen Gottheit Donar geweiht war. Als Donar-Eiche war sie schon seit Generationen von den hier und im Umland lebenden Menschen verehrt worden, von denen die meisten dem Volksstamm der Chatten angehörten. Entsprechend dürften an diesem Ort auch Opferhandlungen vorgenommen worden sein. Da das alles nach christlichem Verständnis Götzendienst war, wollte Bonifatius ein deutliches Zeichen setzen. Dabei dürfte er zum einen die vielen, noch unbekehrten Heiden im Auge gehabt haben, zum anderen aber auch die bereits zum Christentum übergetretenen Bewohner der dortigen Gegend. Manche von ihnen mögen noch schwankend in ihrem neuen Glauben gewesen sein und daher versucht, in die alten heidnischen Praktiken und Verhaltensmuster zurückzufallen. Und so machte sich Bonifatius zum Entsetzen der ihm zuschauenden Menschen daran, mit wuchtigen Schlägen die Donareiche zu Fall zu bringen, um die Ohnmacht und Nichtigkeit der germanischen Götter zu beweisen. Und da ihm keine „göttliche Rache" ereilte, dürfte er bei nicht wenigen die gewünschte Wirkung erzielt haben. Auch ist davon auszugehen, dass sich die Kunde von dieser eindrucksvollen Tat schnell in der Nähe und Ferne verbreitet haben dürfte. Zumal Bonifatius auch noch an gleicher Stelle aus dem Holz der Eiche ein christliches Bethaus errichten ließ.

Im Laufe seines langen Lebens hat sich Bonifatius hingebungsvoll um den weiteren Aufbau und die Reform der bereits existierenden katholischen Kirche im fränkischen Reich bemüht, wobei er sie eng an den Papst und dessen Direktiven zu binden verstand. Unermüd-lich reiste er durch die Lande, predigend und missionierend, visitierend und organisierend. Er gründete Klöster und Bistümer und scheute sich nicht, Bischöfe und Priester zurechtzuweisen, die sich ihres geistlichen Amtes unwürdig verhielten. Bei all dem war ihm von

Nutzen, dass er lange Zeit die Unterstützung der fränkischen Machthaber genoss und vom Papst zum Missionsbischof – und später Erzbischof – geweiht und ferner zum päpstlichen Legaten für Germanien ernannt worden war.

Und dann überrascht Bonifatius ganz am Ende seines Lebens Freunde und Widersacher damit, dass er noch ein ganz besondere und wohl von niemandem mehr für möglich gehaltenes Vorhaben realisierte: Im Alter von sage und schreibe rund achtzig Jahren (für damalige Verhältnisse uralt!) bricht der greise Gottesbote noch einmal mit einem Tross von Mitarbeitern zum Ausgangspunkt seiner ersten missionarischen Bemühungen auf, zu den Friesen. Die sind inzwischen größtenteils dem Frankenreich einverleibt. Bonifatius möchte die dortigen kleinen Christengemeinden visitieren und wohl auch da und dort im Land predigen und missionieren. Und so kommt er am 4. Juni 754 an den Fluss Boorne, nahe bei Dokkum, wo am nächsten Tag friesische Christen von ihm höchstpersönlich gefirmt werden sollen. Am Ufer des Flusses errichten er und seine Begleiter ihr Zeltlager. Doch die Nacht endet in einem fürchterlichen Blutbad. In der frühen Dämmerung des folgenden Tages bricht ein Trupp bewaffneter fremder Männer in das Lager ein und fällt erbarmungslos über die erschrockenen Fremden her. Einer wie der andere wird niedergemacht und findet den Tod. Auch Bonifatius. Manche vermuten, dass es eine Räuberbande gewesen sei, die hier aus Habgier gewütet habe. Für andere wiederum ist schlüssig, dass die Morde an dem bekannten Erzbischof und seinen Gefährten von nichtchristlichen Friesen begangen worden sind, die damals noch die Mehrheit in den friesischen Gegenden ausmachten. Diese seien aber nicht von Raubgier, sondern vom Hass auf christliche Missionsboten bzw. Missionsbemühungen motiviert gewesen, wobei man sich gezielt einen bedeutenden Repräsentanten jener fremden Religion ausgesucht hatte.

Menno Smid merkt zu Bonifatius an: „Sein Name (ist) mit Friesland wesentlich mehr als durch seine Mission durch seinen Märtyrertod verbunden. (…) Beigesetzt wurde er im Kloster Fulda, das er 744 gegründet hatte. Dieses Kloster hat ausführliche Besitzverhältnisse aus dem 9. Jahrhundert, in denen zahlreiche Orte aus dem heutigen Ostfriesland genannt werden. Das dürfte ein Hinweis dafür sein, wie von der Person und dem Märtyrertod des Bonifatius eine ganz erhebliche Ausstrahlungskraft auf die Anfänge der christlichen Kirche in Ostfriesland ausgegangen ist. Er hat dieses Gebiet wahrscheinlich nie betreten. Auch betrafen seine Missionserfolge und seine Leistungen auf dem Gebiet der Organisation der werdenden Kirche gerade Friesland sehr wenig. Er konnte nicht einmal verhindern, dass der Traum vom friesischen Erzbistum Utrecht neun Jahre vor seinem Tode ausgeträumt wurde. So ist es wohl vor allem der Märtyrertod, der seine Auswirkung für ganz Friesland gehabt hat."

d) Willehad, der im östlichen Teil Ostfrieslands wirkte

Ein weiterer Missionar, der bei den Friesen um die Annahme des christlichen Glaubens warb, war Willehad (um 740-789), der wie Willibrord aus dem nordenglischen Königreich Northumbrien stammte. Seine Ausbildung hatte er höchstwahrscheinlich an der renommierten Domschule zu York erhalten, die damals sein Verwandter Alkuin leitete – jener berühmte Gelehrte also, der später an den Hof Karls des Großen gerufen wurde. Nachdem Willehad zum Priester geweiht worden war, wurde er – seinem eigenen Wunsch und Bedürfnis entsprechend – beauftragt, unter den Friesen und Sachsen zu missionieren.

Seine Missionstätigkeit begann er wahrscheinlich im Jahr 772 im friesischen Dokkum, wo nur wenige Jahre zuvor Bonifatius den Märtyrertod erlitten hatte. In einer im 9. Jahrhundert von einem unbekannten Verfasser geschriebenen Willehad-Biografie heißt es: „Hier also, wo die Predigt des Märtyrers bereits viele zum Glauben gebracht hatte, wurde er mit großen Ehren empfangen und blieb dort, Gottes Wort lehrend, lange Zeit. Auch sehr viele Edle brachten ihm ihre Kinder dorthin zum Unterricht; (...) Viele, die einst vom Glaubensweg abgekommen (...) waren, führte er zum wahren, rechten Glauben zurück (...) Er taufte dort auch Heiden in sehr großer Zahl, nachdem er sie in der Lehre des heiligen Evangeliums unterwiesen hatte."

Dann zieht Willehad über den Fluss Lauwers in die heutige Provinz Groningen, um auch hier der überwiegend nichtchristliche Bevölkerung das Wort Gottes zu verkündigen. Dabei nimmt er kein Blatt vor dem Mund und redet den Menschen ins Gewissen, „dass sie den abergläubischen Götzendienst aufgeben und den einzigen wahren Gott erkennen möchten (…), und er erklärte ihnen, es sei unsinnig und vergeblich, von Steinen Hilfe zu erbitten und von taubstummen Götzenbildern Schutz und Trost zu erhoffen". Über diese Bußpredigten sind die Anhänger der Stammesreligion jedoch so empört und verärgert, dass sie ihn am liebsten getötet hätten. Doch als das über ihn geworfene Los das Todesurteil nicht bestätigt, lassen sie den Missionar mehr oder weniger ungeschoren weiterziehen.

Willehad begibt sich mit seinen Gefährten nun in südliche Richtung, und zwar in das Gebiet der heutigen Provinz Drente. Wiederum ist er bemüht, „nicht nur die Ungläubigen zu unterweisen, sondern auch die Gläubigen auf dem Weg der Wahrheit durch Wort und Tat zu stärken".

Im Jahr 780 wird Willehad vom Frankenkönig Karl dem Großen aufgefordert, als Missionar unter den Sachsen zu arbeiten. Immer wieder war es in der Vergangenheit zu Raubzügen und Überfällen dieses westgermanischen Völkerverbands auf fränkische Gebiete gekommen, immer wieder aber auch zu Vergeltungsaktionen der Franken. Das ging schon so, bevor Karl fränkischer König wurde. Als er nun auf seinem ersten Feldzug gegen die Sachsen ihr Hauptheiligtum, die Irminsul, zerstören ließ, da flammte ihr Widerstand erst recht auf. Karl der Große plant nun die endgültige Unterwerfung der Sachsen. Es würde seinem politischen Ziel – der Eingliederung der Sachsen in sein Reich – sehr entgegenkommen, wenn auch sie zu Christen würden. Und so wird Willehad der westlich der Unterweser gelegene Gau Wigmodien als neues Missionsgebiet zugewiesen, „um dort im Auftrag des Königs Kirchen zu bauen, den Leuten das Evangelium zu predigen und der ganzen Bevölkerung frei und ungehindert den Weg des ewigen Lebens zu zeigen". Weiter heißt es in der schon erwähnten Vita: „Willehad übernahm dieses Amt in Demut und verwaltete es mit der größter Pflichttreue. Er bereiste ringsumher seinen ganzen Sprengel und bekehrte durch seine Predigt viele zum Glauben an Christus, so dass im zweiten Jahr nach seiner Ankunft sowohl Sachsen, als auch die Friesen, die in der Gegend wohnten, alle gleichermaßen Christen zu werden versprachen." Auch begann „der Knecht Gottes, in Wigmodien Kirchen zu bauen und Priester für sie zu weihen".

Dann aber kommt es 782 unter Widekund, dem „Herzog der Sachsen", zu neuen Aufständen gegen die Franken. In ihrem Gefolge muss Willehad fluchtartig Wigmodien verlassen, da sich der Hass der Aufständischen auch gegen die Christen – und hier vor allem gegen die Priester – richtet, von denen manche hingerichtet werden. Nach geglückter Flucht sucht Willehad in Rom den Papst auf, um sich anschließend in dem von seinem Verwandten Willibrord gegründeten Kloster Echternach niederzulassen.

Nach Beendigung der Kämpfe (und der Kapitulation und Taufe Widekunds) kehrt Willehad 785 wieder nach Wigmodien zurück, „wo er" – wie der Verfasser seiner Vita berichtet – „allem Volk öffentlich und eifrig den Glauben an den Herrn predigte. Er stellte auch die zerstörten Kirchen wieder her und setzte an jeder einzelnen bewährte Männer ein, die den Leuten den Weg des Heils weisen sollten." 787 wird Willehad dann in Worms offiziell zum Bischof geweiht, seine Diözese umfasst neben Wigmodien auch die friesischen Gaue Rüstringen, Östringen, Wangerland, Harlingerland und Norderland. „Der heilige Mann", so lesen wir in der Vita, „reiste in seinem ganzen Sprengel umher, bestärkte die früher getauften Christen im Glauben und brachte durch seine bewegende Predigt viele verirrte Seelen auf den Weg des Heils. Er baute auch ein Gotteshaus (...) an dem Ort, der Bremen genannt wird, und bestimmte ihn als Bischofssitz."

789 ist Willehad in Blexen (heute ein Ortsteil von Nordenham), wo er sich gerade auf einer Visitations- und Predigtreise befand, nach kurzer, heftiger Erkrankung gestorben.

Literatur- und Quellennachweis

Bonifatius (https://de.wikipedia.org/wiki/Bonifatius)

Padberg, Lutz. E. von: Bonifatius. Missionar und Reformer. München 2003

Deeters, Walter: Kleine Geschichte Ostfrieslands. Leer 2004 (3. Aufl.)

Hensmann, D.: Wie sind die Friesen Christen geworden? In: OZ, Beilage „Unser Ostfriesland" (Ausgabedatum unbekannt)

Radbod (https://de.wikipedia.org/wiki/Radbod_(Friesland)))

Smid, Menno: Ostfriesische Kirchengeschichte. Ostfriesland im Schutz der Deiche, Bd. VI. Pewsum 1974, S. 3ff

Wall, Karl-Heinz de: Den Franken kräftig eins aufs Haupt. Um den streitbaren Friesenkönig Radbod ranken sich viele Legenden. In: Ostfriesland Magazin 10/1987, S. 84f

Weber, Siegfried F.: Von Burgen, Buhnen und Bohlen – wie die Bibel und das Christentum nach Osdtfriesland kamen (www.siegfried-f-weber.de>app>download>Von+Burgen+Buhnen+Bohlen)

Willehad. Das Leben des hl. Willehad und die Beschreibung der Wunder an seinem Grabe, eingeleitet, übersetzt und neu bearbeitet von Andrea Röpcke. Bremen 1982

Willehad von Bremen – Ökumenisches Heiligenlexikon (www.heiligenlexikon.de/BiographienW/Willehad_von_Bremen.html)

Willibrord – Apostel der Friesen. Seine Vita nach Alkuin und Thiofrid. Mit einer Einführung versehen, übersetzt und erläutert von Hans-Joachim Reischmann. Sigmaringendorf 1989

Willibrord (https://de.wikipedia.org/wiki/Willibrord)

Willibrord von Echtermnach – Ökumenisches Heiligenlexikon (www.heiligenlexikon.de/BiographienW/Willibrord_von_Echternach.html)

Slee, J.C. van: Wulfram. ADB-Artikel (Deutsche Biographie – Onlinefassung: www.deutsche-biographie.de/pnd138467005.html#adbcontent)

2. Liudger, der friesische Bischof

Abstammung aus friesischem Adelsgeschlecht

Ein weiterer Missionar, der in der Tradition der angelsächsischen Missionspraxis unter den Friesen wirkte, war Liudger. Allerdings war er selbst kein Angelsachse, sondern entstammte einem friesischen Adelsgeschlecht. Sein Großvater Wurssing war um 714 vor Nachstellungen des Friesenkönigs Radbod zu den christlichen Franken geflohen, wo er sich schon bald selber für die Annahme des christlichen Glaubens entschied. Nach Radbods Tod im Jahr 719 und der erfolgreichen Rückeroberung friesischer Gebiete durch die Franken beordert deren Machthaber Karl Martell Wurssing in seine Heimat zurück. Als gebürtiger Friese soll er gemeinsam mit seiner Familie die Missionierung seiner Landsleute unterstützen. Darum bemüht dieser sich dann auch nach Kräften, zumal er mit dem Friesenmissionar Willibrord freundschaftlich verbunden ist. Willibrord schätzt Wurssing aufgrund seines lauteren Wesens und seiner vorbildlichen Gläubigkeit sehr und ist dankbar für den Beistand dieses angesehenen und verlässlichen friesischen Christen. Auch mit Bonifatius sind Wurssing und seine Kinder verbunden.

Nach dem Tod Wurssings heiratet dessen jüngerer Sohn Thiadbracht die Friesin Liafburg, die sich wie ihr Mann zum christlichen Glauben bekennt. Etwa um 742 kommt ihr Sohn Liudger zur Welt. Sein Geburtsort dürfte in der Nähe von Utrecht gelegen haben, wo sein Großvater Wurssing auf einem großen Lehen gewohnt hatte, das ihm von Karl Martell übertragen worden war.(1) Wie Altfried in seiner im 9. Jahrhundert verfassten Liudger-Biografie(2) mitteilt, waren zwei Brüder der Liafburg schon früh „dem heiligen Willibrord übergeben (worden), dass er sie für den Herrn erziehe. (…) Sie waren die ersten Friesen, die Kleriker wurden. Der Ältere starb als Diakon, der Jüngere (…) im jugendlichen Alter." Für Liudgers Großvater, aber auch für seine Eltern und weiteren Verwandten waren also die „Pioniermissionare" Willibrord und Bonifatius nicht nur persönliche Bekannte gewesen, sondern sie setzten sich offensichtlich auch selbst für die Ausbreitung des Evangeliums ein.

Ein großes Erlebnis muss es für den jungen Liudger gewesen sein, als er 754 im Alter von etwa zwölf Jahren den berühmten Bonifatius, von dem er schon viel und oft hat reden hören, zum ersten (und zugleich letzten) Mal persönlich zu Gesicht bekam. Bonifatius war zu der Zeit schon ein sehr alter Mann. Zu der Begegnung kam es auf jener bereits erwähnten letzten Dienstreise zu den Friesen, bei der er dann eines gewaltsamen Todes sterben sollte. „Ihn habe ich mit meinen Augen selbst gesehen als altersschwachen Greis im Silberhaar, voll der Tugenden und Verdienste des Lebens", schreibt Liudger viele Jahre später tief bewegt.

Vorbilder

755 geben Liudgers Eltern ihren Sohn Im Alter von vermutlich 13 Jahren – auf dessen ausdrücklichen Wunsch hin – in die Utrechter Domschule (Martinsstift), wo er von dem angesehenen Abt Gregor von Utrecht – er ist seit Bonifatius Tod auch zugleich der Leiter der Utrechter Friesenmission – unterrichtet und ausgebildet werden soll. (3) Gregor war ein Schüler und Mitarbeiter des Bonifatius gewesen und von diesem auch mit der Leitung des Martinsstiftes betraut worden. Diesen außergewöhnlichen Mann, der anscheinend auch ein guter Pädagoge war, hat Liudger zeitlebens sehr verehrt. Nicht nur die großen Kenntnisse, über die Gregor verfügte, und die Art ihrer Vermittlung, sondern auch seine charakterliche Integrität und die Art und Weise, wie er seinen christlichen Glauben zu leben versuchte, haben den Schüler tief beeindruckt und nachhaltig geprägt. In einer kleinen Erinnerungsschrift wird Liudger später nicht nur von Bonifatius, sondern auch von Gregor ein liebevolles Lebensbild zeichnen und ihnen ein literarisches Denkmal setzen. Man spürt der Schrift ab, dass diese beiden Männer für den Verfasser selbst Vorbilder waren, denen er nacheifern und die er auch den Lesern als Vorbilder vorstellen möchte. Da in dem kleinen Werk also nicht nur auf das hingewiesen wird, was Liudger als besonders typisch für die von ihm vorgestellten Personen empfand, sondern zugleich auch seine eigenen christlichen Ideale durch-schimmern, sollen an dieser Stelle einige Passagen aus dieser Schrift zitiert werden.

So ist für den Autor „erzählenswert (…), dass Gregor seine Schüler, mit denen er ein gemeinsames Leben führte, wie ein Vater seine Söhne erzogen und geliebt hat". Obwohl die Schüler aus unterschiedlichen Volksstämmen kamen, „war er (mit jedem einzelnen) in einer so innigen Weise verbunden, dass er jenes (…) apostolische Zeugnis nicht nur (…) aussprach, sondern auch in der Tat und Wahrheit vorlebte, nämlich jenes Zeugnis, das der heilige Apostel Petrus über die Berufung (…) aller Völker mit den Worten ausspricht: ‚Ihm ist in jedem Volk willkommen, wer ihn fürchtet und tut, was recht ist.'"

Und auch dies lobt Liudger an seinem Lehrer: „Er kannte (…) jenes Wort der Heiligen Schrift nicht nur dem Wortlaut nach, sondern in der Tat und Wahrheit, dass ‚die Wurzel aller Übel die Habsucht ist'. (…) In jeder Hinsicht hütete er sich vor ihr. (…) Sooft Gold oder Silber in seinen Besitz kam, sorgte er sofort dafür, dass es ausgegeben und an die Armen verteilt wurde, um als Mann des Evangeliums dem Gebot des Evangeliums gemäß zu handeln: ‚Sammelt euch Schätze im Himmel, wo weder Motte noch Wurm sie zerstören und keine Diebe einbrechen und sie stehlen.' Weil er seine ganze Hoffnung so fest und sicher auf das Himmlische gesetzt hatte, konnte nichts ihm schaden und ihn fesseln, was an Irdischem und Vergänglichem in dieser Welt ergötzlich scheint. (…) Die Reinheit der Zunge und der ganzen Lebensführung bekundete äußerlich, mit welcher großen Liebe zur Reinheit sein Herz innerlich erfüllt war. Durch seine einfache Lebensweise in Kleidung und Nahrung zeigte er denen, die ihn hörten, im Beispiel, was er in Worten über die Gebote Gottes und seiner Heiligen lehrte. (…) Aber auch jenes herrliche (…) von den Aposteln bezeugte Wort, das über die Auserwählten Gottes gesagt ist, pflegte er als Ansporn zur Gottes- und Nächstenliebe und aus Sehnsucht zum Himmelreich anzuführen: ‚Kein Auge hat es gesehen, kein Ohr hat es gehört und keinem Menschen ist es in den Sinn gekommen das Große, das Gott denen bereitet hat, die ihn lieben.'"

Als berichtenswert empfindet Liudger aber auch, wie Gregor „sich im täglichen Umgang mit allen seinen Widersachern verhielt. Durch ihre eigenen Laster aufgereizt, verleumdeten sie ihn zuweilen. Er aber verabscheute und hasste sie nicht als Verleumder, sondern liebte sie stets wie seine Freunde und Helfer." Und: „Dieser so liebenswürdige, demütige und geduldige Mann" habe „aus Liebe zu Gott so Schändliches und Entwürdigendes gegen seine Person gleichmütig ertragen wollen und können."

Ferner attestiert Liudger seinem Lehrer, „in der Heiligen Schrift überaus bewandert" gewesen zu sein. Was er in ihr las, das habe er auch umzusetzen versucht. Und auch Liudger selbst, das merkt man seiner kleinen Schrift an, kannte sich gut in Gottes Wort aus. Er zitiert gern und oft aus ihr.

Wenngleich in Rechnung zu stellen ist, dass die von Liudger verfassten kurzen Lebensbilder zu Gregor und Bonifatius hagiographisch(4) gefärbt sein mögen, so lässt sich doch das Authentische nicht übersehen, das ihnen gleichwohl anhaftet. Seine Schrift stellt jedenfalls ein Plädoyer dar für ein glaubwürdig gelebtes Christsein in jener Zeit. Und das sagt wiederum viel über Liudger selbst aus. Nebenbei mögen seine dargestellten Beispiele von Armut und opferbereiter Hingabe auch eine Art von dezenter indirekter Kritik darstellen an Teilen der fränkischen Geistlichkeit, und hier nicht zuletzt an den einen oder anderen Bischof selbst. Denn deren „weltliches Gebaren entsprach keineswegs dem von Liudger angestrebten und gelebten Ideal. Liudger vertrat die angelsächsische Geisteshaltung."(Menno Smid)

Kommen wir zurück auf Liudgers weiteren Bildungsweg. Begabt und wissensdurstig wie er ist, setzt er von 769 bis 772 seine theologischen Studien an der Domschule zu York fort, die für ihr hohes Bildungsniveau und ihre reichhaltige Bibliothek bekannt war. Bereits ein Jahr zuvor hatte er sich einige Monate lang in York aufgehalten und war dabei auch von dem dortigen Bischof Aethelbert zum Diakon geweiht worden. Schon damals hatte sich Liudger Alkuin, dem bekannten Leiter der Domschule (und späteren Ratgeber Karls des Großen), eng angeschlossen. Zu seinem großen Bedauern muss Liudger allerdings seinen zweiten Aufenthalt in York nach gut drei Jahren abbrechen, da es in der Stadt zu Konflikten zwischen Friesen und den einheimischen Angeln gekommen war.

Die nächsten fünf Jahre verbringt der inzwischen dreißigjährige Liudger wieder im Utrechter Kloster. Sicherlich dürfte er dabei auch am Martinsstift unterrichtet haben, da er ja inzwischen erstklassig ausgebildet ist. Dennoch scheint sein Lebensziel nicht die kirchliche Gelehrtenlaufbahn zu sein. Stattdessen schwebt ihm vor, als „Wandermissionar" zu wirken – so wie einst seine Vorbilder Willibrord und Bonifatius.

Missionar unter den Friesen

Und so dürfte er es dann auch begrüßt haben, als er 776 seinen ersten Missionsauftrag erhält. Er wird von Alberich, der nach dem Tod Gregors im Jahr 775 neuer Missionsleiter in Utrecht geworden war, mit einer kleinen Zahl von Mitarbeitern nach dem an der Ijssel gelegenen Ort Deventer geschickt. Hier hatte der angelsächsische Wanderprediger Lebuin erfolgreich gewirkt. Eine Christengemeinde samt Kirche war entstanden. Dann aber hatten Sachsen das Gebiet überfallen, die Christen vertrieben und die Kirche niedergebrannt. Nachdem die Lage sich wieder beruhigt hatte, hatte Lebuin wiederum seine Arbeit in Deventer aufgenommen und das kleine Gotteshaus neu aufbauen lassen. Das geschah kurz vor seinem Tod. Wenig später waren wieder die Sachsen in jenes Gebiet eingedrungen. Erneut wurde der Ort verwüstet und die Kirche in Brand gesetzt.

Als sich die politischen Verhältnisse wieder stabilisieren, ist es nun Luidgers Aufgabe, in Deventer an den Wiederaufbau des von Lebuin begonnenen Werkes zu gehen und über seinem Grab eine Kirche zu errichten. Liudger erfüllt dann auch mit seinen Mannen den ihm erteilten Auftrag zur vollen Zufriedenheit Alberichs: Als der 777 in Köln zum Bischof geweiht wird, veranlasst er die gleichzeitige Priesterweihe Liudgers.

Im Anschluss an seine Priesterweihe wird Liudger dann in den friesischen Ostergau (dem heutigen Ostteil Westfrieslands) gesandt. Zuvor hat ihm der Ire Joseph, ein Freund und ehemaliger Studienkamerad aus Yorker Tagen, ein ehrenvolles Gedicht gewidmet, in dem es unter anderem heißt:

Bruder, in der Liebe Gottes mir so teuer wie keiner,
Teurer sogar als Verwandte aus gleichem Geblüt,
Lieber Liudger, Christi Gnade schütze dich.
Lebe als Lichtsäule deines Friesenvolkes,
Du Priester, gepriesen am Westgestade der Welt,
Gelehrt, redekundig und tief an Geist.
Dein Amt zierst du mit Verdiensten und guten Sitten.
Wie ein Kind dienst du demütigen Herzens den Bejahrten,
Wie ein Bruder bist du allen, die gleich dir an Alter,
Und wie ein Vater schenkst du der Jugend Worte des Lebens.
(...)

Mittelpunkt von Liudgers Missionsgebiet war Dokkum, das seit dem Märtyrertod des Bonifatius gewissermaßen Kultstatus erlangt hatte. Die erste Zeit arbeitete Liudger noch mit seinem angelsächsischen Missionskollegen Willehad (siehe Kapitel 1) zusammen. Insgesamt muss es eine fruchtbare Tätigkeit gewesen sein, die hier der Friese unter Friesen ausübte. In der von Altfried verfassten Biografie heißt es: „Wie Liudger auch im Stamm der Friesen den ersehnten Dienst der Glaubensverkündigung ausgeübt hat und wie der Same des Lebens, durch den Tau der göttlichen Gnade fruchtbar gemacht, im Erdreich vieler Herzen bei seiner Verkündigung überreich aufgegangen ist, das bezeugen bis heute die Leute jener Gegend, die er aus dem alten Wahn zur Erkenntnis der Wahrheit geführt; das bezeugen auch die Gemeinschaften der Diener Gottes, die er an einigen Orten gegründet hat." Gleichzeitig versah Liudger jährlich für drei Monate (von Juli bis September) einen Lehrauftrag am Martinsstift in Utrecht.

Dann erlebt Liudgers Missionswerk jedoch einen schweren Rückschlag, den Altfried so schildert: „Fast sieben Jahre lang hat der Mann Gottes Liudger in dieser Gegend eifrig als Glaubensbote gewirkt, da entfachte Widukind, der Herzog der damals noch heidnischen Sachsen, einen furchtbaren Aufstand. Er brachte die Friesen vom Wege Gottes ab, brannte die Kirche nieder und vertrieb die Diener Gottes. Bis an den Fluss Fleo zwang er die bekehrten Friesen, den Christenglauben zu verlassen und den Götzen zu opfern. (...) Da verließ Liudger notgedrungen jene Gegend." Er pilgert erst einmal nach Rom und von dort aus dann weiter nach

Montecassino, dem berühmten Mutterkloster der Benediktiner. Während seines etwa zwei Jahre währenden Aufenthalts dort nimmt er am Klosterleben teil und studiert die Klosterregeln des Benedikt.

Karl der Große wird auf Liudger aufmerksam

Inzwischen hatte auch Karl der Große viel Gutes über Liudger gehört. Nicht zuletzt wohl durch seinen Ratgeber und „Bildungs- minister" Alkuin, der seit 782 in der Aachener Königspfalz lebte und der große Stücke auf seinen einstigen Schüler hielt. Nach Basilius Senger „(ist) ein Eintreten bei Karl für Liudger gerade in dieser Zeit aktuell gewesen. Nach der Taufe Widukinds und bei der erwünschten wachsenden Befriedung und Verchristlichung des Landes waren Mitarbeiter in Friesland wie in Sachsen begehrt. Der Friese Liudger war der gegebene Missionsleiter für die Mission im friesischen Norden mit teils sächsischer Besiedlung." Und so bestellt Karl im Jahr 787 den soeben erst heimgekehrten Liudger zum Glaubensboten über die fünf östlich der Lauwers liegenden mittel- friesischen Gaue Hummerke, Hunsegau, Fivelgau, Emsgau und Federgau. „Das Arbeitsgebiet", so Senger, „lag also zwischen Lauwers und Ems, und über die Ems hinaus bis an die in Ostfriesland gelegene Grenze des Missionsfelds Willehads, dessen Gebiet an der unteren Weser lag." In den moorigen Küstengebieten dürften damals die Arbeitsbedingungen alles andere als leicht gewesen sein.

Doch Liudger lehrt, unterstützt von einem Stab an Mitarbeitern, voller Eifer die christliche Botschaft und scheut sich dabei auch nicht, Götzenheiligtümer zu zerstören. Doch auch in den mittelfrie- sischen Gauen geht der Missionseinsatz nicht ohne Gefahren und Widerstände ab. Wie Altfried zu berichten weiß, „zog (...) von den Ostfriesen her die Nacht großen Unglaubens herauf. Unno und Eilrat waren die Anstifter dieses Unheils. Die Kirchen wurden nieder- gebrannt und die Diener Gottes vertrieben." Doch bereits nach einem Jahr kann Liudger mit den Seinen wieder zurückkehren, um „wiederum jenem Volke die Nahrung des Glaubens zuversichtlich und unablässig" zu reichen. „Und mit der Hilfe des Herrn", so Alfried weiter, „verharrten sie in dem Glauben, den sie damals angenom- men hatten."

Schon vor seiner Vertreibung soll Liudger – so berichtet es jedenfalls Altfried – in der nördlich von Groningen gelegenen Ortschaft
Helwerd (dem heutigen Holwierde) den blinden Bernlef durch ein
göttliches Wunder das Augenlicht wiedergeschenkt haben. Dieser
war ein friesischer Barde, der „die Taten der Alten und die Kämpfer
der Könige gut zu besingen verstand", aber seit drei Jahren erblindet
war. Liudger „führte ihn abseits der Volksmenge", nahm ihm die
Beichte ab und legte ihm eine Buße auf. Dann „machte er das
Zeichen des heiligen Kreuzes auf seine Augen, hielt seine Hand vor
ihn hin und fragte, ob er etwas sehe. Der sagte hocherfreut, dass er
seine Hand sehen könne. Jener aber sprach: ‚Danke dem allmächtigen Gott!' Während sie sich noch über den Glauben und über
das Heil der Seele unterhielten, kamen sie in das Dorf Werfhem,
und er fragte ihn, ob er dieses erkennen könne. Jener nannte es
sofort mit seinem Namen und versicherte, er könne die Häuser und
die Bäume darin gut sehen. Er aber sagte zu ihm: ‚Danke dem
allmächtigen Gott, der dir das Augenlicht geschenkt hat!' (…) Bernlef
aber lernte von dem Mann Gottes die Psalmen, wo immer er später
mit ihm zusammentraf, und behielt das wiedererlangte Augenlicht,
bis er als hochbetagter Greis im Frieden verschied." (Der Hinweis,
dass Liudger den Bernlef die Psalmen lernen ließ, könnte darauf
hindeuten, dass dieser seither den Menschen Psalmgesänge
vortrug.)

Besonders bekannt ist auch das „Fischwunder von Leer". Es wurde
schon erwähnt, dass Liudgers Missionsgebiet auch den Emsgau
und den Federitgau miteinschloss, und damit den westlichen Teil
Ostfrieslands. Wie Menno Smid ausführt, „hatte der Emsgau damals
seine Nordgrenze an der später verlandeten Bucht von Sielmönken,
nördlich der Orte Manslagt, Pewsum, Hinte, Loppersum, und
umfasste auch die Gebiete des späteren Moormerlandes,
Overledingens und Uplengens. Der Federgau hatte seine südliche
Begrenzung an der Bucht von Sielmönken, an deren Nordufer die
Orte Pilsum, Jennelt und Uttum lagen." Leer gehörte also zum
Emsgau.

Als nun Liudger eines Tages „in Friesland der Predigt wegen zu
seiner Kirche in Leer am Flusse der Leda kam", so Altfried, „bat er
die Fischer jenes Ortes, die ihm Fische zu bringen pflegten, sie

möchten ihm einen Stör fangen. Sie sagten aber, die Zeit sei längst vorüber, in der man solche Fische fangen könne. Die Winterszeit sei nämlich schon nahe." Wie Altfried weiter erzählt, habe Liudger jedoch „mit freundlichem Gesicht" geantwortet: „Geht, meine Söhne, und tut, was ich euch gesagt habe. Gott hat die Macht, zu jeder Zeit seinen Dienern das Gewünschte zu gewähren." Daraufhin sollen nun die Männer – „durch die Bitten des Mannes Gottes genötigt" – begonnen haben, „in der gewohnten Weise das Netz durch das Wasser zu ziehen. Und siehe, als sie aufblickten, sahen sie plötzlich einen großen Vogel, der vor ihnen vom Himmel herabkam. Und als sie aufmerksam und fest die Augen auf ihn richteten, sagte einer zum anderen: ‚Das sieht wahrhaftig wie ein Fisch aus.' Während sie sich so wunderten und vor Angst erschrocken waren, fiel dieses Ding von einem Fisch oder Vogel vor ihnen ins Wasser. Und als sie an die Stelle kamen, ging ein Fisch von wunderbarer Größe in ihr Netz. Es war ein Stör, wie ihn der Mann Gottes wünschte. Sie fingen ihn also, brachten ihn dem Diener Gottes und erzählten ihm das Wunder, das sich zugetragen hatte. Er sprach zu ihnen: ‚Lasst uns dem allmächtigen Herrn Dank sagen, der allem Fleisch seine Nahrung gibt.' Er verbot ihnen auch, die Sache so zu erzählen, als sei sie wegen jemandes Heiligkeit oder Verdienste geschehen."

Eva Requardt-Schohaus weist in „Leer. Ledastadt mit bewegter Geschichte" darauf hin, dass in der von Altfried um 850 verfassten Lebensbeschreibung des Liudger „Leer zum ersten Mal erwähnt (wird): ‚Hleri iuxta ad fluvium Lade' (‚Leer liegt am Fluss Lade')." In Leer habe vermutlich die erste der von Liudger in Ostfriesland gegründeten Kirchen gestanden. Der hölzerne Bau sei um 790 ent-standen, „auf einem aus Plaggen und humosem Sand aufge-schichteten Hügel in unmittelbarer Nähe des Plytenbergs".

Der Radius von Liudgers Wirken weitet sich

Um 792/93 übertrug Karl der Große Liudger zusätzlich zum friesischen Missionsgebiet auch die Missionsleitung im westlichen Sachsen (dem nördlichen Teil des heutigen Westfalen also). 799 gründete Liudger die Benediktinerabtei Werden als Eigenkloster. Daher rührt es auch her, dass dieses Kloster „für die ersten Jahrhunderte der christlichen Kirche in Ostfriesland besondere

Bedeutung (hatte), da zahlreiche Grundstücke in Ostfriesland zu diesem Kloster gehörten und davon jährlich Abgaben zu zahlen waren"(Menno Smid). 805 schließlich wurde Liudger zum Bischof von Münster geweiht, bevor er dann am 26. März 809 in Billerbeck starb. Anschließend wurde er in Werden beigesetzt.

Als Liudger die Missionsleitung im westlichen Sachsen übernahm, waren die Sachsen bereits größtenteils von den Franken unterworfen und ins Frankenreich eingegliedert worden. Das war zeit- und teilweise auch mit Massentaufen und Zwangschristianisierungen verbunden. Was war aber nach diesen Geschehnissen nun Liudgers eigentlicher Auftrag? Basilius Senger meint, dass „Taufen nicht seine erste und eigentliche Aufgabe" gewesen sei, „denn ‚die Massen' waren schon vorher im Verlauf der Sachsenkriege getauft worden. Liudgers große Leistung sollte es werden, durch seine Persönlichkeit und durch seine Katechese die (...) Menschen innerlich für Christus zu gewinnen und eine Pfarrorganisation aufzubauen. Es war ja dazu gekommen, dass das Schwert und die Gewalt oft das Übergewicht gewonnen hatten; oder man war nur mit seinem Fürsten zum neuen Glauben übergegangen. Nun mussten die Herzen für das Reich Gottes gewonnen werden. Dafür war Liudger der richtige Mann."

Aber wie stand Liudger selbst zu den vorgekommenen Massentaufen und Zwangschristianisierungen, von denen er ja gewusst haben muss? In diesem Zusammenhang ist interessant, was Alkuin – neben Gregor sein zweiter geistlicher „Ziehvater", obwohl nur wenige Jahre älter als Liudger selbst – zu diesen Vorkommnissen offen an Kritik geäußert hat. Nach Alkuins Ansicht hätten die Sachsen nämlich „so oft das Taufsakrament verloren, weil sie nie das Fundament des Glaubens im Herzen" gehabt hätten. Man könne aber einen Menschen nicht zwingen, „zu glauben, was er nicht glaubt". Auch habe die Eintreibung des Zehnten (der „Kirchensteuer" also) sich ungünstig auf die Akzeptanz des Christentums ausgewirkt. Weiterhin führte Alkuin aus: „Unser Herr Jesus Christus hat seinen Aposteln geboten: ‚Gehet, lehret alle Völker und taufet sie im Namen des Vaters und des Sohnes und des heiligen Geistes. Lehret sie alles halten, was ich euch geboten habe.' Zuerst ist der Glaube zu lehren, dann können die Sakramente der Taufe empfangen werden und zuletzt müssen die evangelischen Weisungen übermittelt werden. Wenn aber von diesen drei Stücken eines fehlt, vermag der Hörer nicht das Heil seiner Seele zu erlangen. Denn der Glaube ist, wie der heilige Apostel sagt, eine freiwillige Angelegenheit, nicht eine erzwungene. Zum Glauben kann der Mensch wohl gezogen, nicht aber gezwungen werden. Natürlich kann man zum Glauben zwingen, aber das ist kein Gewinn im Glauben (...). Ein Mensch im Erwachsenenalter muss für sich selbst antworten, was er glaubt und was er will; wenn er trügerisch den Glauben bekennt, wird er in Wahrheit nicht das Heil gewinnen." Da man Liudger in gewisser Weise als geistes- und seelenverwandt mit Alkuin bezeichnen kann, so liegt nahe, dass er in dieser Frage ähnlich wie der angelsächsische Theologe und Gelehrte gedacht haben mag. Allerdings: Kritische Bemerkungen von Liudger selbst liegen uns zur Gewaltmission nicht vor.

Was die „Christianisierung" Ostfrieslands betrifft, so war diese natürlich mit dem Wirken Liudgers längst nicht abgeschlossen. So stellt dann auch Heinrich Schmidt in „Fromme Friesen. Mittel-alterliche Kirchengeschichte Frieslands" fest: „(...) für ein voll ausgebildetes Christentum fehlte es noch immer an elementarsten Voraussetzungen, im münsterischen Friesland ebenso wie im bremischen. Um die kirchliche Organisationsstruktur muss es auch um 900 noch ziemlich dürftig bestellt gewesen sein. Kirchen standen auch damals, allem Anschein nach, nur sehr vereinzelt im Land." Ein „christlich durchdrungenes kollektives Selbstverständnis" als „frie-sische Bewusstseinsrealität", das „konnte schon mangels Kirchen und priesterlicher Präsenz im Lande nur erst punktuell, noch nicht geschlossen christlich bestimmt sein. Erst im Laufe des 10. Jahr-hunderts kam ein verstärkter Kirchenbau in Gang, und auch jetzt erfassten die mit ihm verbundenen, von den Kirchen ausgehenden christianisierenden Wirkungen noch nicht die gesamte Bevölkerung." Doch die Anfänge und Voraussetzungen hierfür hatten opferbereite Missionsboten wie Liudger im 8. Jahrhundert gelegt und sich dabei auch durch Rückschläge nicht entmutigen lassen.

Anmerkungen

(1) Die Stammgüter der Familie lagen nach Alois Schroer in Wierum nördlich von Dokkum.

(2) Altfrid war der zweite Nachfolger Liudgers als Bischof von Münster und der vierte Abt von Werden. Seine Liudger-Biographie („Das Leben des heiligen Liudger") entstand wohl noch in der ersten Hälfte des 9. Jahrhunderts. Wie er selbst angibt, hatte er Liudger zwar persönlich nicht mehr kennengelernt, dennoch war er über dessen Leben wohlunterrichtet. So schreibt er einleitend in seiner Liudger-Vita: „Ich vermag (…) die vorbildlichen Taten des heiligen Liudger deshalb nicht vollständig zu beschreiben, weil ich sie nicht als Augenzeuge, sondern nur vom Hörensagen kenne, nach dem Zeugnis jener, die von Kind auf ihn gekannt und von ihm unterrichtet worden sind, nämlich des Bischofs Hildigrim, seines Bruders, und des Bischofs Gerfrid, seines Neffen, der gottgeweihten Frau Heriburg, seiner Schwester, und der ehrwürdigen Priester Alubert, Ating und Thiatbald."

(3) Arnold Angenendt geht im Gegensatz zu Basilius Senger und anderen in seiner Liudger-Biografie davon aus, dass Liudger bereits mit sieben Jahren in das Martinsstift gekommen ist.

(4) In den Hagiografien werden die vorgestellten Heiligen in der Regel verklärend dargestellt und mit idealtypischen Zügen und Eigenschaften versehen.

Literatur- und Quellennachweis

Angenendt, Arnold: Liudger. Missionar – Abt – Bischof im frühen Mittelalter. Münster 2005 (2. Aufl.)
Deeters, Walter: Kleine Geschichte Ostfrieslands. Leer 2004 (3. Aufl.)
Fromme Friesen. Mittelalterliche Kirchengeschichte Frieslands. Hrsg. von Antje Sander-Berge. Oldenburg 1997
Liudger (https://de.wikipedia.org/wiki/Liudger)
Liudger in seiner Zeit. Altfrid über Liudger. Liudgers Erinnerungen.
Übertragen und herausgegeben von Basilius Senger
Ludger von Münster – Ökumenisches Heiligenlexikon
(www.heiligenlexikon.de/BiographienL/Liudger_Ludger.html)
Padberg, Lutz E. von: Christianisierung der Germanen
(WiReLex: http://www.bibelwissenschaft.de/stichwort/100268/)
Requardt-Schohaus, Eva: Leer. Leda-Stadt mit bewegter Geschichte. Norden 2005
Schröer, Alois: Vita des heiligen Liudger
(www.paulusdom.de/gotteshaus/heiliger-liudgerus/vita-des-heiligen-liudger)
Senger, Basilius: Liudger. Leben und Werk. Münster 1984
Smid, Menno: Ostfriesische Kirchengeschichte. Ostfriesland im Schutz der Deiche, Bd. VI. Pewsum 1974, S. 13ff

3. Johannes a Lasco – Ostfrieslands „Bischof" in der Reformationszeit

Ostfriesland öffnet sich unter Edzard dem Großen der Reformation

Mit Luthers Veröffentlichung seiner 95 Thesen im Jahr 1517 begann das Zeitalter der Reformation, in dessen weiterem Verlauf es zu gewaltigen, ungeahnten kirchen-, geistes- und weltgeschichtlichen Veränderungen kommen sollte. Dabei fand die im westlichen Christentum bestehende Monopolstellung der katholischen Kirche durch das Entstehen neuer, protestantischer Kirchen ihr Ende. Auch in der Grafschaft Ostfriesland waren die Auswirkungen der von Martin Luther angestoßenen (und dann von ihm und anderen Reformatoren energisch weitergetriebenen) Reformation schon früh zu spüren gewesen.

Dass sich Luthers neue Lehre und Schriften so schnell in diesem doch eher abseits gelegenen nordwestlichen Teil Deutschlands verbreiteten, hing auch mit der toleranten Religionspolitik des im Land beliebten Grafen Edzard I. (1462-1528) aus dem Geschlecht der Cirksena zusammen.

Auch wenn Edzard der Große, wie er auch genannt wird, selbst die Reformation nicht in seiner Grafschaft direkt einführte, so zeigte er sich doch Luthers Ideen gegenüber aufgeschlossen und ließ es zu, dass schon bald hier und da Pastoren in ihren Gemeinden Luthers Lehren verkündeten. Sie gerieten damit in offenen Widerspruch zu gewissen Dogmen und Praktiken ihrer eigenen katholischen Kirche und begangen, sich von ihr zu lösen. Unter ihnen befanden sich Hinrich Brun (in Aurich), Hinrich Arnoldi (in Oldersum), Lübbert Cansen (in Leer) oder Johann Stevens (in Norden). Und in Emden selbst, wo Edzard häufig in seiner Burg residierte, war es Georgius Aportanus, der reformatorisch predigte.

Aportanus war eine Zeit lang der Erzieher von Edzards Söhnen gewesen und dann Priester an der Emder Großen Kirche geworden. Hier rief er wegen seiner reformatorischen Einstellung den Widerstand der etablierten Pfarrkollegen hervor, die größtenteils adlig waren und der städtischen Oberschicht angehörten. Aportanus hingegen hatte seine Anhänger im einfachen Volk. Seine klerikalen Mitbrüder – weiter der alten Lehre anhängend – bemühten sich, den Einfluss und die Tätigkeit ihres jungen Kollegen zu beschneiden. Schließlich untersagten sie ihm das Predigen in der Kirche. Doch Aportanus, der ein mitreißender Verkündiger gewesen zu sein scheint, verlegte daraufhin seine Predigttätigkeit aufs freie Feld vor den Toren der Stadt. Dabei erhielt er einen überaus großen Zulauf. Die immer größer werdende Zahl seiner Anhänger erreichte am Ende dann auch, dass er in die Große Kirche zurückkehren durfte. Dort predigte er nun unter der Aufsicht gräflicher Beamter, die dafür Sorge tragen sollten, mögliche Unruhen im Keim zu ersticken.

Doch weiterhin versuchen die Pfarrkollegen gegen Aportanus zu agitieren. Da sich aber Edzard nicht auf ihre Seite stellt, bleiben sie erfolglos – bis schließlich die konservativ gesonnene Fraktion und Position an der Großen Kirche immer mehr an Einfluss verliert.

Einen großen Fürsprecher und Förderer der Reformation bekam die Reformation in Ostfriesland nicht zuletzt auch in dem Häuptling Ulrich von Dornum. Durch Heirat unterstand ihm ein Teil der nicht weit von Emden gelegenen Herrlichkeit Oldersum, wo er auch auf einer Burg lebte. Dem Grafen Edzard d. Gr. diente er als Ratgeber. Da sich im Land natürlich auch Opposition von Seiten der weiter am katholischen Glauben festhaltenden Theologen gegen die neue Glaubensbewegung regte und es an vielen Orten zu hitzigen Auseinandersetzungen über den rechten Glauben kam, lud Ulrich von Dornum im Juni 1526 seinerseits zu einer öffentlichen Disputation von altgläubigen Geistlichen mit Vertretern der neuen Lehre in der Oldersumer Kirche ein. (Das sogenannte „Oldersumer Religionsgespräch"). Ihre führenden Disputanten waren auf katholischer Seite Dr. Laurens Laurensen, Prior des Dominikanerklosters von Groningen, und auf protestantischer Seite der Emder Pastor Aportanus. Der gelehrte Laurensen wollte die Disputation in lateinischer Sprache führen und „die Laien aus dem Spiele lassen". Darauf ließ sich aber die Gegenseite nicht ein. Ihr Argument: „Es gehöre sich nicht, dass man den Hungrigen die Speise der Seele wegnehme, zumal der Allmächtige die schlichten Herzen höher begnadigen möchte und ihnen einen stärkeren Geist gegeben habe als uns." Und so wurde der Disput auf Plattdeutsch fortgesetzt.

Über den Verlauf und die Inhalte des Streitgesprächs in Oldersum hat der wackere Oldersumer Junker noch im selben Jahr eine Dokumentation herausgebracht mit dem Ziel, die Reformation zu fördern. „Eindrucksvoll, siegesfreudig, nicht ohne Humor, aber in dem etwas groben Tone des 16. Jahrhunderts geschrieben, spiegelt diese Schrift den streitbaren Charakter und die Überzeugungstreue ihres Verfassers deutlich wieder. Sie machte im ganzen Lande, und wohl auch darüber hinaus, großes Aufsehen und ließ erkennen, welche Stütze die neue Lehre in dem angesehenen Manne hatte."(P. Wagner) Aportanus selbst starb bereits 1530 im Alter von nur 35 Jahren.

Aber nicht nur einheimische Pastoren warben für die Reform der Kirche, auch auswärtige Prädikanten – unter ihnen der prominente Wittenberger Theologieprofessor und Radikalreformer Karlstadt – versuchten in diesem Sinne in Ostfriesland zu wirken. Hinzu kam, dass in diesem Jahrhundert viele Glaubensflüchtlinge aus anderen europäischen Ländern – und hier vor allem aus den Niederlanden – Zuflucht in der ostfriesischen Grafschaft suchten und fanden, nicht zuletzt in Emden. Unter ihnen waren vor allem Taufgesinnten (sog. „Wiedertäufer") und viele „reformierte" Gläubige, die den Lehren der Reformatoren Calvin, Zwingli oder Bucer anhingen. Sie unterschieden sich von den „Lutheranern" – bei allen lehrmäßigen Gemeinsamkeiten – nicht zuletzt darin, dass sie sich für ein Bilderverbot in den Kirchen aussprachen, ein von den jeweiligen Landesfürsten unabhängiges, von „Ältesten" geleitetes Gemeinde-modell anstrebten und ein unterschiedliches Abendmahlsverständnis vertraten. Zwar war man sich in der Ablehnung der katholischen Auffassung einer bei der Eucharistie erfolgenden Verwandlung von Brot und Wein in den Leib und das Blut Christi mit den Lutheranern einig. Doch bestand man im Gegensatz zu diesen darauf, dass Brot und Wein – Leib und Blut Christi symbolisch verkörpernd – zum *Gedächtnis* an Christi Opfertod eingenommen werden und nicht, wie Luther lehrte, Christi reale Präsenz beinhalten. Auch der Emder Aportanus vertrat diese Auffassung. Er veröffentlichte sogar drei Schriften in dieser Frage.

Edzard der Große selbst war 1528 gestorben. Doch sein Nachfolger in der Landesherrschaft, Enno II., besaß nicht unbedingt die

Umsicht, die seinen Vater ausgezeichnet hatte. Das zeigte sich auch darin, dass er nicht nur die Klöster aufhob, sondern ihre Gebäude (einschließlich der Klosterkirchen) zerstören ließ und sich des klösterlichen Landbesitzes bemächtigte. Gold, Silber und Kunstgegenstände wurden den ehemaligen Klöstern entzogen und der gräflichen Schatzkammer zugeführt. Auch Ennos Bruder Johann sowie diverse Helfershelfer profitierten von diesen Maßnahmen. Zwar wurden die Klosterinsassen zum Teil abgefunden (und verschiedentlich auch mit Pfarrstellen belegt), aber insgesamt war das Ganze doch ein eher raubzugähnliches, profitgieriges Unternehmen. Walter Deeters urteilt darüber: „Das vordergründige Ziel war, den materiellen Besitz der Klöster in bares Geld umzuwandeln. Der Graf ließ aber zu, dass Helfer und Helfershelfer sich an diesem über Jahre erstreckenden Raubzug beteiligten, und dass von Kontrolle oder Abrechnung nicht die Rede war. Die Vernichtung ging bis in die Bausubstanz der Anstalten, die buchstäblich vom Erdboden getilgt wurden, und bis in ihre Bibliotheken und Archive, welche zur Vertuschung des Unrechts durchweg spurlos beseitigt wurden. Es bleibt die ewige Schande für Graf Enno, kurzfristiger materieller Vorteile halber veranlasst zu haben, dass die mittelalterliche Geschichts- und Kulturüberlieferung Ostfrieslands auf immer zerstört ist.“

Im Alter von 35 Jahren ist Enno II. im Jahr 1540 gestorben. Seine Witwe, Gräfin Anna von Oldenburg, übernahm nun die Regierung der ostfriesischen Grafschaft – in Ausübung der Vormundschaft ihrer drei unmündiger Söhne Edzard, Johann und Christoph. Eines ihrer Hauptanliegen war, die inzwischen recht unübersichtlichen kirchlichen bzw. konfessionellen Verhältnisse in Ostfriesland zu ordnen. Zu diesem Zweck berief sie 1542 einen hochgebildeten Adligen aus Polen zum Superintendenten für ganz Ost-Friesland. Sein Name war Johannes a Lasco.

Johannes (Jan) a Lasco, 1499 im westlich von Warschau gelegenen Lask geboren, entstammte einer angesehen und wohlhabenden Familie aus dem polnischen Großadel. Sein Vater war Mitglied des königlichen Senats. Einen besonderen Einfluss auf seine Entwicklung und künftige Laufbahn sollte aber sein einflussreicher Onkel Jan Laski haben. Der holte ihn nämlich gemeinsam mit seinen Brüdern Hieronymus und Stanislaw schon früh an seinen Hof in Krakau, das zu der Zeit das politische, wirtschaftliche und kulturelle Zentrum des Landes darstellte.

Jan Laski war einer der mächtigsten und einflussreichsten Männer in Polen. Er besaß große diplomatische und politische Fähigkeiten. Seine Lebenslaufbahn ist beeindruckend: Zunächst zum Sekretär des Hofkanzlers eingestellt, wurde er später zum königlichen Sekretär und kurz danach zum Kronkanzler ernannt. Schließlich berief König Zygmunt I. ihn zum Erzbischof von Gnesen und damit zum Oberhaupt (Primas) der polnischen Kirche.

Die drei Söhne seines Bruders zu protegieren, ist Jan Laskis Bestreben. Daher achtet er auch darauf, dass ihnen nicht nur eine standesgemäße, sondern die bestmögliche Ausbildung zuteil wird Und so erhalten seine Neffen in der Universitätsstadt zunächst einmal einen intensiven Privatunterricht durch einen Hauslehrer. Im Mittelpunkt ihres Lernpensums steht die humanistische Bildung, also das Erlernen der alten Sprachen Latein und Griechisch, die Lektüre der klassischen Literatur sowie philosophischer und historischer Texte. Und natürlich werden sie als junge Adlige auch im Reiten und Jagen sowie dem Umgang mit Waffen ausgebildet.

Im Jahr 1513 nimmt der Onkel an einem Laterankonzil in Rom teil. Eine gute Gelegenheit, seine beiden älteren Neffen gleich mit nach Italien zu nehmen, wo sie mit ihrem Universitätsstudium beginnen: Zunächst in Rom selbst, dann in Bologna und Padua. Sie leben mit anderen reichen polnischen Adelssöhnen in einer Haus- und Lerngemeinschaft zusammen und betreiben ihr Studium unter der Anleitung eines Hauslehrers. Johannes a Lasco studiert unter anderem die klassischen Schriftsteller, aber auch kanonisches

Kirchenrecht. Jan Branicki, sein Hauslehrer, ist mit seinem Zögling überaus zufrieden. Er teilt über ihn mit: „Johannes ist von höchster Tugend – einen solchen Jungen habe ich noch nie gesehen." Und er wünscht: „Möge er noch lange leben."

Auch Hieronymus weiß über seinen jüngeren Bruder nur Positives zu berichten, als dieser einmal vorübergehend verreist und nun zurückgekehrt war: „Seit er wieder da ist", so schreibt er, „bin ich wie ein neuer Mensch. Er hat alle Müdigkeit von mir genommen, meine Faulheit ist wie weggeblasen, und ich habe wieder Lust zu lernen. Seine Begabung und sein Eifer, die er für freie Rede und Gesang zeigt, gehen weit über die seiner Altersgenossen hinaus." Der a Lasco-Forscher Henning Jürgens merkt zu dem Lob des älteren Bruders an: „Auch wenn sich Hieronymus nur in der Kunst des lateinischen Loblieds geübt hat – seine Urteile stimmten mit dem überein, was später andere über a Lasco schrieben."

Nachdem Johannes a Lasco 1519 nach Polen zurückgekehrt war, wurde er zwei Jahre später zum Priester geweiht. Schon vorher hatte sein Onkel dafür gesorgt, dass er die Mitgliedschaft in den Domkapiteln von Krakau und Plock erhielt – begehrte Positionen, die sehr gut dotiert waren. Zeitnah zu seiner Priesterweihe wird er nun auch in den Kreis der königlichen Sekretäre berufen. Außerdem fällt in das Jahr 1521 seine Ernennung zum Dekan des Erzbistums Gnesen, wo sein Onkel ja Bischof ist. Die ersten Stufen auf der Karriereleiter waren geschafft.

Prägende Begegnung mit Erasmus von Rotterdam

Im Jahr 1524 begibt sich Johannes a Lasco mit seinen Brüdern auf eine Reise nach Frankreich. Dabei legen sie in der Schweiz eine Zwischenstation ein. In Zürich begegnen sie dem Schweizer Reformator Zwingli, und in Basel suchen sie den berühmten Humanisten und Theologen Erasmus von Rotterdam auf. Obgleich Erasmus verschiedene Lehren und Praktiken der katholischen Kirche kritisierte und mit Martin Luther in brieflichem Kontakt stand, schlug er sich doch nicht auf die Seite des deutschen Reformators. Stattdessen befürwortete er lediglich Reformen innerhalb der katholischen Kirche. Auch lehnte er Luthers Bestreitung des freien menschlichen

Willens dezidiert ab. Nach der Abreise seiner jungen polnischen Gäste bemerkt er in einem Brief über sie, dass sie „von gepflegter Bildung und den schönen Künsten zugetan" seien.

Die jungen Polen haben also in den drei Tagen ihres Besuchs einen positiven Eindruck bei dem fast 60-jährigen Erasmus hinterlassen. Und umgekehrt scheint besonders Johannes a Lasco von dem niederländischen Gelehrten tief beeindruckt, ja geradezu fasziniert gewesen zu sein. Denn auf seiner Rückreise aus Frankreich im Frühjahr 1925 reist er wiederum über Basel und sucht erneut Erasmus auf – und wird sich gleich für ein halbes Jahr bei ihm einquartieren.

Der rund sechs Monate währende Aufenthalt in Basel ist für Johannes a Lasco ein sehr glücklicher, anregender und auch prägender Lebensabschnitt. Erasmus nimmt sich für seinen Gast viel Zeit. Man speist zusammen und führt viele Gespräche miteinander. Zugleich lernt a Lasco verschiedene Humanistenkreise kennen. Zu den Gelehrten, mit denen er sich besonders gut versteht, gehören Bonifaz Auerbach, Beatus Rhenanus, Heinrich Glarean, Johannes Oekolampad und Konrad Pellikan, der ihn in Hebräisch unterrichtet. Henning Jürgens resümiert: „Bei Erasmus lernte a Lasco den Humanismus, dem er schon während seines Studiums in Italien begegnet war, in seiner nordeuropäischen Spielart kennen. Erasmus und seine Mitstreiter bemühten sich, wie die Gelehrten südlich der Alpen, um eine Wiederbelebung und Verbreitung der antiken Texte. Doch lag dabei ein besonderer Akzent auf der Erziehung und Bildung zu einem christlichen Leben." Bei alldem scheinen aber auch viele theologische Fragen intensiv erörtert worden sein, denn Jahre später teilt a Lasco dem Schweizer Reformator Heinrich Bullinger mit, Erasmus habe ihn erst dazu gebracht, „dass ich mich mit Theologie beschäftigte, ja, er hat mich erstmals in die wahre Religion eingeführt".

Die unbeschwerte Zeit mit dem geselligen Beisammensein und den inspirierenden Gesprächen mit den Basler Freunden, mit gemeinsamen Ausflügen und Spaziergängen endete für a Lasco im Herbst 1525. Sein Onkel hatte ihn aufgefordert, sich zunächst nach Italien aufzumachen, wo er nähere Instruktionen für einen diplomatischen

Auftrag am Hof der Habsburger in Madrid erhalten würde. Jedoch kam es letztendlich gar nicht zur Ausführung dieser Mission, sondern a Lasco kehrte im Frühjahr 1526 von Italien aus wieder nach Polen zurück.

Von dem halbjährigen Aufenthalt bei Erasmus im Vorjahr hatte im Übrigen neben Johannes a Lasco auch der Basler Gelehrte selbst profitiert. Denn sein Besucher war nicht nur ein kluger, anregender Gesprächspartner, sondern hatte ihm auch Kontakte zu bedeutenden polnischen Persönlichkeiten vermittelt und ihn (und andere Basler Humanisten) überdies wohl auch pekuniär unterstützt. Und dann war dem wohlhabenden jungen polnischen Adligen noch ein besonderer Coup geglückt: Er sicherte sich für eine hohe Summe die Anwartschaft auf die umfangreiche und sehr wertvolle Bibliothek des Erasmus nach dessen Tod. Als dieser dann im Jahr 1536 verstarb, wurden die rund 400 Buchexemplare in Fässern zu ihrem neuen Besitzer nach Polen transportiert. Drei Bände befinden sich heute in der Johannes a Lasco Bibliothek in Emden.

Johannes a Lascos steile Karriere bekommt einen Knick

In Polen nahm a Lasco wieder seinen Dienst in der kirchlichen und staatlichen Verwaltung auf und wurde noch im Jahr seiner Rückkehr zum Propst von Gnesen ernannt. Als königlicher Sekretär nimmt er auch an den Sitzungen des polnischen Reichstages teil, der einmal im Jahr stattfindet. Er hat Kontakt zu maßgeblichen Politikern und Geistlichen seines Landes. Daneben treibt er bevorzugt humanistische Studien, pflegt die Verbindung mit inländischen Humanistenkreisen und korrespondiert mit den Gelehrten, die er in der Schweiz kennen und schätzen gelernt hat.

Doch dann stürzte sich a Lasko in ein mehrjähriges politisches Abenteuer, das in einem Fiasko enden sollte. Und zwar hatte sich sein Bruder Hieronymus im ungarischen Erbfolgestreit zwischen Ferdinand von Habsburg und dem ungarischen Adligen Jan Zapolyais auf die Seite des Ungarn geschlagen, da er auf dessen Erfolg setzte und sich dabei Vorteile für sich selbst versprach. Er engagierte sich in dieser Angelegenheit politisch und militärisch, wobei er das Vermögen seiner Familie aufs Spiel setzte. Johannes a

Lasco versuchte, diplomatische Unterstützung für die Sache Zapolyais (und damit für seinen Bruder) zu organisieren. Doch die Dinge entwickelten sich nicht so, wie es die Laski-Brüder erhofft hatten.

1536 zieht sich Johannes a Lasco für ein knappes Jahr auf ein in der Nähe von Krakau gelegenes Schloss der Familie zurück. Seine politische wie geistliche Karriere hat einen Knick erlitten. Ein erhofftes Bischofsamt wird ihm nicht angetragen. Und auch die Beziehungen zu dem pazifistisch eingestellten Erasmus hatten sich während seines Engagements für Zapolyais zeitweise abgekühlt. Doch jetzt widmet er sich erneut seinen geliebten humanistischen Studien und nimmt wieder den Kontakt zu alten humanistischen Freunden und Weggefährten auf.

Enger Kontakt zu Melanchthon und Hardenberg

Im Jahr 1537 verlässt a Lasco Polen und bricht zu einer Bildungs- reise nach Westen auf. In Leipzig sucht er den Theologen und Humanisten Philip Melanchthon auf, der sich als ein treuer Mitstreiter Luthers erwiesen hat. („Ich würde lieber sterben, als von diesem Manne getrennt zu sein.") Nach Henning Jürgens zeigt „der Besuch bei Melanchthon, dass a Lasco eine humanistisch fundierte Theologie mit dem Ziel der Reform der Kirche vertrat und sich insoweit auch der Reformation angenähert hatte. Die Leipziger Begegnung mit Melanchthon, dessen Werke er schon vorher gelesen hatte", so Jürgens weiter, „steht am Anfang eines lebenslangen Kontaktes. Aber sie markiert noch nicht den Schritt heraus aus der katholischen Kirche."

Zu diesem Schritt verhalf a Lasko nicht zuletzt die Begegnung mit dem niederländischen Mönch und Theologen Albert Hardenberg, der ihm überdies für längere Zeit zu einem verlässlichen Freund werden sollte. Als Schüler hatte Hardenberg die Schule des Groninger Fraterhauses besucht, die im humanistischen Geist geführt wurde. Anschließend war er zur weiteren Ausbildung ins nahe gelegene Zisterzienserkloster Aduard eingetreten und wurde dann als Mönch nach Löwen zum Studium der sogenannten „freien Künste" und der Theologie entsandt. Dabei kam er in Berührung mit reformatorischem Gedankengut. Dass er selbst sich diesem angenähert hatte, wurde spätestens deutlich, als er eigene Vorlesungen und Predigten halten durfte. Seine „freie" Geisteshaltung sollte jedoch zu einem Konflikt mit konservativen Theologieprofessoren führen, so dass Hardenberg es vorzog, Löwen zu verlassen. Er begibt sich zunächst nach Frankfurt. Wegen einer Erkrankung muss er jedoch sein Vorhaben aufgeben, von hier aus weiter nach Italien zu reisen. Stattdessen erwirbt er schon bald an der Universität in Mainz den theologischen Doktorgrad.

Als promovierter Theologe kehrt er nach Löwen zurück, wo er wieder seine Lehr- und Predigttätigkeit aufnimmt. Dabei erhält er großen Zulauf von Studenten und aus der Bevölkerung. Doch gerade dieser Erfolg droht ihm zum Verhängnis zu werden, da jetzt die Inquisition auf ihn aufmerksam wird. In einem gegen ihn geführten „Ketzerprozess" entgeht er nur knapp der Verurteilung. Danach hält er es für ratsam, Löwen erneut zu verlassen. Er begibt sich zunächst in sein Kloster in Aduard. Im Jahr 1543 legt er dann die Mönchskutte ab, verlässt das Kloster auf immer und hört für ein Semester Vorlesungen an der Universität in Wittenberg, unter anderem bei Martin Luther und Philipp Melanchthon. Melanchthon ist es dann auch, der Hardenberg rät, in den Dienst des Kölner Erzbischofs Hermann von Wied einzutreten, von dem bekannt war, dass er das Bistum dem Protestantismus zuführen wollte. Als dieser 1547 von seinen Widersachern zum Rücktritt gezwungen wird, verlässt Hardenberg Köln und wird später in Bremen zum Domprediger gewählt. Nach vielen Auseinandersetzungen um die rechte Abendmahlslehre – Hardenberg tendierte eher zum reformierten als zum lutherischen Verständnis – wurde er 1561 aus seinem Amt entlassen.

Vier Jahre später war er für eine kurze Zeit Prediger der Gemeinde Sengwarden, bevor er dann 1567 nach Emden berufen wurde. Hier übte er zwar nicht offiziell das Amt eines Superintendenten aus, war aber doch aufgrund seines Alters und wohl auch seiner Fähigkeiten und Kenntnisse wegen Vorsitzender des Coetus der ostfriesischen Prediger und Leiter der Kirchenratssitzungen. Er erfüllte auch sonst die Aufgaben eines Hauptpastors. Er starb 1574 an der Pest.

Henning Jürgens erinnert im Bibliographischen Lexikon für Ostfriesland daran, dass „in der heutigen Johannes a Lasco Bibliothek auch drei Ölbilder Hardenbergs erhalten (sind). Seine umfangreiche, mehr als 500 Bände umfassende Bibliothek ging nach langen Verhandlungen mit der kinderlosen Witwe Hardenbergs in den Besitz der Großen Kirche ein." Ferner weist Jürgens darauf hin, dass „die stärksten theologischen Einflüsse auf Hardenberg (…) auf Martin Bucer zurückzuführen (sind). Dabei entwickelte Hardenberg durchaus eigene theologische Vorstellungen, legte diese aber fast ausschließlich in ungedruckt gebliebenen Stellungnahmen, Bekenntnissen, Gutachten und Erklärungen im Rahmen des Abendmahlsstreits nieder. Seine eigenständig vermittelnde Position zwischen Wittenberg, Zürich und Genf war gleichermaßen beispielhaft und prägend für das theologische Klima in Ostfriesland bis zu seinem Tod."

Doch zurück zu Johannes a Lasco. Dieser war Hardenberg in Frankfurt, einer weiteren Station seiner Bildungsreiche, begegnet. Er schließt sich dem Niederländer an, wobei er ihm zunächst nach Mainz und danach nach Löwen folgt, wo er mit ihm zusammen lebt. Beide Männer pflegen engen Kontakt mit einem Kreis evangelisch gesinnter Personen, die sich in einem Privathaus treffen. Die Begegnung mit dem frommen Kreis und nicht zuletzt der Einfluss Hardenbergs scheinen dazu geführt zu haben, dass a Lasco sich hier in Löwen bewusst für die Annahme des „neuen" Glaubens entschieden hat. Darauf weist zum einen eine Bemerkung Hardenbergs hin, in der er für sich in Anspruch nimmt, in jener Zeit a Lasco „wenn nicht ganz, so doch wenigstens zum Teil in Christo gezeugt" zu haben. Zum anderen lässt aber auch der Vollzug einer Eheschließung mit einer aus Flandern stammenden Frau namens Barbara auf eine immer deutlicher werdende Hinwendung a Lascos zum reformatorischen Glauben schließen. Er war der erste katholische polnische Priester, der eine Ehe eingegangen ist. Als Hardenberg Schwierigkeiten mit der Inquisition bekommt (s. o.) und sich daraufhin nach Aduard zurückzieht, hält auch a Lasco es für geraten, die im Einflussbereich der Habsburger stehende Stadt zu verlassen.

Gemeinsam mit seiner Frau begibt er sich 1540 nach Emden in Ostfriesland, dem Zufluchtsort so mancher Glaubensflüchtige in jener Zeit. In dieser Grafschaft war noch Enno II. Regent. (Er starb nur wenig später.) Zweimal hatte er versucht, die kirchlichen Verhältnisse hier zu ordnen und zu vereinheitlichen. Zu diesem Zweck hatte er 1529 zwei in Bremen tätige niederländische Theologen beauftragt, eine Kirchenordnung für seine Grafschaft zu entwerfen. Doch wurde sie ebenso wenig in die Praxis umgesetzt, wie sechs Jahre später eine neue Kirchenordnung, da sie den reformierten Geistlichen zu lutherisch ausgefallen waren. Und so blieb es in Ostfriesland bei dem Nebeneinander unterschiedlicher kirchlicher und theologischer Richtungen. In beiden Kirchenordnungen war übrigens das Amt eines gemeinsamen Superintendenten für die „reformiert" wie „lutherisch" ausgerichteten Gemeinden vorgesehen. Doch blieb dieser ostfriesische „Bischofs"-Posten zunächst unbesetzt. Nach Ubbo Emmius soll bereits Enno dem adligen polnischen Kleriker diese Stelle angeboten haben, doch dieser habe abgelehnt. Jedenfalls verließ Johannes a Lasco im September 1541 wieder Emden. Zum einen misshagte ihm das nasse Klima, zum anderen zog es ihn zurück nach Krakau, wo sein Bruder Hieronymos todkrank daniederlag.

In Polen war natürlich längst bekannt, dass a Lasco geheiratet hatte. Daher waren ihm auch seine Einkünfte (Pfründe) aus seinen geistlichen Ämtern entzogen worden. Dennoch hegt er immer noch die Hoffnung, zum Bischof berufen zu werden und in dieser Funktion zur Reformierung der polnischen Kirche beizutragen. Um wenigstens einen Teil seiner Pfründe zurückzuerhalten – und womöglich auch wegen des von ihm angestrebten Bischofsamtes – leistete er einen sogenannten Reinigungseid. Damit erklärte er, nicht wissentlich von den Lehren der katholischen Kirche abgewichen zu sein.

Hat a Lasco in diesem Fall einen Meineid geleistet? Henning Jürgens führt dazu aus: „(...) der Vorwurf eines Meineids (ist) wohl zu hart. Gerade in den vorangegangenen Jahren gab es mehrere Einigungsgespräche zwischen reformbereiten Vertretern der katholischen Kirche und Anhängern der Reformation. Dabei wurde auch in der katholischen Kirche diskutiert, die Priesterehe zu erlauben. A Lasco war ein Vertreter dieser Reformbemühungen und wollte sich zu diesem Zeitpunkt wohl die Möglichkeit erhalten, die polnische Kirche von innen heraus als Bischof zu reformieren – er sah sich noch nicht im Widerspruch mit ihrer Lehre." Weiter schreibt Jürgens: „Mit der Eidesleistung erreichte er, dass ihm die entzogenen Einkünfte zurückerstattet wurden. Doch die Hoffnungen, Bischof zu werden, erfüllten sich auch jetzt nicht. (…) Nur wenige Wochen später kehrte a Lasco nach Emden zurück. Jetzt vollzog er den Bruch mit der polnischen Kirche. Die Entwicklung dazu schilderte er später in einem Brief an Bullinger. Er habe seinem Bruder versprochen, dass er sich zu dessen Lebzeiten nicht den Protestanten anschließe. Nach dessen Tod habe er versucht, in Polen als Reformer tätig zu werden, doch man habe ihm nur angeboten, in das alte pharisäerhafte Leben zurückzukehren, was er nicht gewollt habe." Nach Jürgens macht diese Version deutlich, dass „der Eid den letzten Versuch markiert" habe, „in der polnischen Kirche Reformen bewirken zu können. Als er begriff, dass ihm diese Möglichkeit nicht gegeben wurde, brach er die Brücken hinter sich ab."

Unter Gräfin Anna Superintendent in Ostfriesland

Wie schon erwähnt, war es Gräfin Anna von Ostfriesland, die als Vormundschaftsregentin 1542 Johannes a Lasco zum Super-intendenten ihrer Grafschaft berief. Anna war darauf bedacht, für Ostfriesland einen eigenen (kirchen-)politischen Weg zu finden und zu gehen: loyal der kaiserlichen Macht gegenüber, mit der man nicht in Konflikt geraten, von der man aber auch so unabhängig wie möglich sein wollte, – und in der besonderen kirchlichen Gemengen-lage in ihrem Territorium keine konfessionelle Festlegung zugunsten der lutherischen oder der „unlutherischen" Seite (wie die Reformierten anfangs noch genannt wurden). Das erforderte aber auch für die ungeklärten Kirchenverhältnisse eine pragmatische Lösung in Form einer eigenen kirchlichen Ordnungsstruktur, bei der nach Möglichkeit Reformierte wie Lutheraner einen gemeinsamen Weg gehen konnten. Auch musste eine Lösung gefunden werden, wie mit den eingewanderten Täufern umgegangen werden sollte. Für all diese Aufgaben schien Gräfin Anna der polnische Adlige und Kleriker offenbar besonders prädestiniert zu sein.

A Lasco setzte auf zwei Lösungsansätze: Einmal auf die „Überzeugungsarbeit" (in Form von Disputationen) bei unterschiedlichen Lehrmeinungen und Positionen und zum anderen auf die Schaffung einer soliden, tragfähigen Kirchenordnung und Kirchenorganisation. Doch er stieß bei seinen Bemühungen, Andersdenkende und Andersgläubige für seine Anschauungen zu gewinnen, auch an Grenzen. So lehnten etwa die noch verbliebenen Mönche des Emder Franziskanerklosters ein Streitgespräch, bei dem auf Grundlage der Bibel argumentiert und diskutiert werden sollte, schlichtweg ab.(1) Schließlich erreichte a Lasco bei der Gräfin, dass den Mönchen der seit Ennos Übergriffen noch übrig gebliebenen Klöster ihre nach wie vor ausgeübten Tätigkeiten (Predigt, Taufen, Testamentsausstellungen) untersagt wurden. Auf diese Weise verloren sie (und damit die Klöster) eine wichtige Einnahmequelle und verschwanden im Laufe der Zeit mehr und mehr in die Bedeutungslosigkeit. Auch verlangte a Lasco, dass Bilder und andere „katholische" Kultgegenstände, die sich noch in den Kirchen befanden, entfernt würden. Das gelang ihm allerdings erst nach und nach – und auch nicht vollständig.

In bemerkenswerter Weise bemühte sich a Lasco um die Täufer. Seine Hoffnung war, sie zum Eintritt in die Kirche bewegen zu können. Er führte viele zeitraubende Gespräche mit ihnen, um sie für sein Glaubens- und Kirchenverständnis zu gewinnen. Mit einem ihrer bedeutendsten Führer, Menno Simons aus dem niederländischen Witmarsum (siehe das Kapitel über Menno Simons auf S. 63), führte er vom 28. bis 31. Januar 1544 in Emden öffentlich ausgetragene Disputationen durch. Die Kontrahenten scheinen einander durchaus Respekt und Wohlwollen entgegengebracht zu haben, zumal „es zwischen beiden Männern eine Reihe von Gemeinsamkeiten (gab), die eine Annäherung erleichterten. Zum einen gestalteten sich ihre Biographien ähnlich, beide waren Priester zu dem Zeitpunkt gewesen, als sie die katholische Kirche verließen, beide kannten Flucht und Verfolgung, zum anderen gingen beide auf deutliche Distanz zu den radikalen und gewaltbereiten reformatorischen Gruppierungen" (Klaas-Dieter Voß). Obgleich man sich in manchen Lehrfragen einig war, blieben doch Differenzen bestehen, nicht zuletzt auch im unterschiedlichen Verständnis der Menschwerdung Jesu und in der Tauffrage selbst. Mit einem anderen Täuferführer, David Joris, der in Ostfriesland zahlreiche Anhänger hatte, führte a Lasco eine schriftliche Korrespondenz, Doch kam es auch hier zu keiner Einigung. Menno Simons selbst verließ Emden kurze Zeit nach den Gesprächen mit a Lasco.

Insgesamt war das Vorgehen des ostfriesischen Superintendenten den Täufern gegenüber für damalige Verhältnisse relativ tolerant gewesen. „Auch als a Lasco", so Jürgens, „sich in seinen Hoffnungen getäuscht sah, die Täufer im Ganzen zu überzeugen, bestand er weiterhin darauf, ihre Anhänger nicht einfach aus Ostfriesland auszuweisen, wie es die kaiserlichen Edikte von der Gräfin verlangten. Vielmehr führte er Einzelgespräche mit Glaubensprüfungen unter den eintreffenden Flüchtlingen durch, in denen geklärt werden sollte, ob sie Täufer waren oder sich der Emder Gemeinde anschließen wollten. (…) Nur hartnäckigen Vertretern täuferischer Lehre sollte die Ausweisung drohen."

Was aber die Leitungsstrukturen in der Kirche betraf, hatte a Lasco ganz bestimmte Vorstellungen vor Augen, die er in Emden modellhaft zu realisieren versuchte. Dabei orientierte er sich unter anderem am Entwurf einer Kirchenordnung, den der Straßburger Reformator Martin Bucer (in Verbindung mit Melanchthon) für den reformbereiten Kölner Erzbischof Hermann von Wied verfasst hatte. Im Frühjahr 1544 setzte Johannes a Lasco als Leitungs- und Verwaltungsgremium der Großen Kirche(2) einen Kirchenrat durch, der aus den Gemeindepastoren und zunächst vier Ältesten bestehen sollte, bewährten, ehrenhaften Männer aus der Gemeinde. Zu deren Leitungsaufgaben gehörte auch die Wahrnehmung der „Kirchenzucht". Das heißt, die Ältesten sollten darauf achten, dass die einzelnen Gemeindeglieder (und nicht zuletzt auch die Kirchenratsmitglieder selbst) ein gottgefälliges Leben führten. Bei offensichtlichen Sünden sollte die betreffende Person liebevoll und demütig ermahnt, die hartnäckigen und unbelehrbaren Sünder aber notfalls vom Abendmahl ausgeschlossen werden.

Die Installierung eines Kirchenrates in Emden scheint nicht ohne Konflikte abgegangen zu sein. Darauf lässt zumindest ein Brief schließen, den a Lasco am 26.4.1544 an seinen Freund Hardenberg schrieb und in dem es heißt: „Kurz gesagt, nach großem Geschrei habe ich es endlich erreicht, dass uns Predigern vier Bürger an die Seite gestellt worden sind, würdige Männer, und soweit wir es beurteilen können, um Frömmigkeit bemüht, die mit uns zusammen von der ganzen Gemeinde die Vollmacht bekommen sollen, den Lebenswandel der Bürger zu prüfen, jeden zu seinen Pflichten zu ermahnen und im Extremfall sogar mit uns im Namen der ganzen Gemeinde zu exkommunizieren, wenn wir zu dem Eindruck gelangen, dass unsere Ermahnungen verachtet werden."

Noch im selben Jahr gründete a Lasco ein weiteres wichtiges Kirchengremium: den „Coetus" (lat. Ausdruck für Versammlung) aller Prediger für Ostfriesland. Der Coetus kam im Sommerhalbjahr einmal in der Woche zusammen. Anfangs an wechselnden Orten, später aber regelmäßig in Emden. Er umfasste sowohl die „reformierten", wie auch die „lutherisch" ausgerichteten Pastoren.(3) Seine Ziele und Aufgaben waren:

– die (gegenseitige) Überprüfung des Lebenswandels der Coetus-Mitglieder und ihrer lehrmäßigen Auffassungen,
– die Eignungsprüfung von Pastorenanwärtern für das geistliche Amt,
– die Behandlung und Disputation von wichtigen theologischen Fragen
– und nicht zuletzt das Bemühen um die Einheit der Kirchengemeinden und eine gemeinsame theologische Ausrichtung.

Vor allem die Frage nach dem rechten Abendmahlsverständnis barg ein gefährliches Konflikt- und Spaltungspotential in sich und bedeutete eine dauerhafte Gefährdung der kirchlichen Gemeinschaft. Dabei war auffallend, dass die Geistlichen im westlichen Teil von Ostfriesland mehrheitlich der reformierten Abendmahlslehre zuneigten, während im östlichen Teil des Landes die dortigen Geistlichen die lutherische Abendmahlslehre vertraten. Besonders über diese strittige Lehrfrage wurde dann auch im Coetus immer wieder offen diskutiert und heftig gerungen, wobei a Lasco bescheinigt werden muss, dass er sich große Mühe gab, die geistliche und kirchliche Einheit zu wahren. So legte er Kompromissformeln in der Abendmahlsfrage vor, betonte die Gemeinsamkeiten im Abendmahlsverständnis und wollte die unterschiedlichen Sichtweisen bzw. Interpretationen nicht überbetont wissen.

Die Bedeutung und Sinnhaftigkeit des Coetus ergab sich auch aus dem Umstand, dass es in damaliger Zeit noch keine geregelte Ausbildung von protestantischen Theologen gab. Ein großer Teil der Pastoren waren ehemalige katholische Priester. Auch scheint es selbsternannte Prediger gegeben zu haben, die als Nachweis für ihre Befähigung auf Empfehlungsschreiben anderer Gemeinden verwiesen.

Als Superintendent sah sich a Lasco auch dazu verpflichtet, die einzelnen Gemeinden in der Grafschaft selbst zu visitieren und die vorgefundenen Zustände zu überprüfen und ggf. neu zu organisieren.

Die politische Großwetterlage verändert sich

Um die Mitte des 16. Jahrhunderts verschlechterte sich durch die veränderte politische Großwetterlage die Situation der Evangelischen in Deutschland und damit auch in Ostfriesland. Nach dem Sieg der kaiserlichen Truppen über die protestantischen Fürsten und Städte im Schmalkaldischen Krieg (1546-1547) strebten die Sieger eine Rekatholisierung im gesamten Reich an. Ein am 30. Juni 1548 veröffentlichtes Gesetz, das sog. Augsburger Interim, verlangte, dass wesentliche Elemente der katholischen Kirche – unter anderem die Gültigkeit der sieben Sakramente und die alte Gottesdienstordnung – in den Kirchen der evangelisch gewordenen Länder und Städte wieder eingeführt werden sollten. Nur die Priesterehe und der Laienkelch wurde den Evangelischen zugestanden.

Am 23. August 1548 erreicht der kaiserliche Erlass über einen Boten auch die kleine Grafschaft Ostfriesland. A Lasco weilt zu der Zeit gerade in London, wohin ihn der Erzbischof Cranmer zu Gesprächen in Fragen der Reform der englischen Kirche eingeladen hatte. Als a Lasco in England von der Einführung des Interims erfährt, fordert er in Briefen die ostfriesischen Pastoren (und auch die Gräfin Anna persönlich) zum Widerstand gegen die kaiserliche Verordnung auf. Nachdem die ostfriesische Regentin vergeblich versucht hatte, mit dem kaiserlichen Hof in Verhandlungen zu treten, ordnete sie nolens volens an, dass auch in ihrem Territorium die Geistlichen nach dem Erlass des Kaisers verfahren sollten. Als die Emder Pastoren sich dem verweigern, lässt sie kurzerhand die Große Kirche schließen. Daraufhin weisen die Geistlichen die Gräfin darauf hin, dass die Annahme des Interims faktisch einer Verwerfung des Wortes Gottes gleichkäme, und fordern sie in bewegenden Worten dazu auf, sich dem kaiserlichen Erlass zu widersetzen: „Deshalb ist dies unser Rat: Wenn Ew. Gnaden überhaupt noch Hilfe, Wohlergehen und Erlösung erwarten, so halten Ew. Gnaden an Gott und seinem heiligen Wort fest und an der Berufung, dazu der Herr Ew. Gnaden gesetzt hat, mit festem Vertrauen auf die Zusage Gottes, dass Gott Ew. Gnaden und ihre armen Untertanen am Ende nicht verlassen wird, und wenn er schon keine äußerliche Hilfe oder Rettung gibt, dann wolle er mit Ew. Gnaden und unser aller Tod seinen Namen herrlich machen und Ew. Gnaden und uns alle aus diesem Jammertal erretten."

Anna jedoch will es nicht zu einer Konfrontation mit dem kaiserlichen Willen und der kaiserlichen Macht kommen lassen und Strafmaßnahmen des Kaisers vermeiden. Andererseits will sie auch nicht einfach nachgeben und die ostfriesischen Stände und Geistlichen gegen sich aufbringen, sondern den Religionsfrieden wahren. So versucht sie bei ihren die Gegensätze ausgleichenden Bemühungen eine Art Mittelweg zwischen strikter Loyalität zum Kaiser und einem „politisch-konfessionellen Pragmatismus" (Heiko Ebbel Janssen) zu gehen: Sie erlässt im Juli 1549 eine ostfriesische Sonderform des Interims. Hiernach durfte zwar auf den Kanzeln das kaiserliche Interim nicht angegriffen werden, andererseits aber sollte die evangelische Rechtfertigungslehre weiter in Geltung bleiben. Was die gottesdienstlichen Zeremonien betraf, so wurden Zugeständnisse an die katholische Praxis gemacht. Auch das Fasten in der Passionszeit und an Feiertagen war wieder verpflichtend.

Johannes a Lasco, der inzwischen wieder aus England zurückgekehrt war, lehnte Annas Kompromiss entschieden ab: Man müsse Gott mehr gehorchen als dem Kaiser! Da jedoch von Seiten des gräflichen Herrscherhauses auf die Prediger erheblicher Druck ausgeübt wurde (man drohte mit der Entlassung und dem Entzug der Besoldung), beugten sich vor allem in den Städten der Grafschaft viele Pastoren den Anweisungen des „ostfriesischen Interims". Nicht jedoch die Emder Pastorenschaft. Und wiederum wird die Große Kirche geschlossen. Doch gesteht man den rebellischen Geistlichen zu, unter freiem Himmel auf dem Friedhof zu predigen und auch zu taufen. Auch toleriert Anna die Unterweisung und seelsorgerliche Betreuung der Gemeindeglieder in Privathäusern.

Im September 1549 gibt sie dem Druck des kaiserlichen Hofes und ihres katholisch gebliebenen Schwagers, des notorischen Unruhestifters Graf Johann I., nach und entlässt widerstrebend ihren Superintendenten Johannes a Lasco.

Der Theologe und Diplomat Peter Medmann, der 1556 Emder Bürgermeister wurde, und der a Lasco schon vor dessen Emder Zeit kennengelernt hatte, notierte wenig später im Blick auf a Lasco: „Ein hervorragender und hochgelehrter Mann, besonders in der christlichen Religion, die er unter großer Gefahr bekannt hat, Bischof der ostfriesischen Kirche, der, weil ihn Kaiser Karl V. nicht dulden wollte, von Frau Anna, Tochter des Oldenburger Hauses, auf sehr würdige Weise entlassen worden ist. Mit dem ich in Bonn, als er dort 1543 das Evangelium predigte, und in Buschhoven sehr vertrauten Umgang hatte. Nun lebt er in England, 1551, obwohl er bei vielen in Verdacht geriet, weil er in Löwen eine Frau aus dem einfachen Volk heiratete, während er selbst als Baron geboren sein soll."

In der Tat vollzog sich Johannes a Lascos Entlassung weder ehr- noch stillos. Die Gräfin hatte ihm ein Abschiedsdiplom ausgestellt, das nichts zu wünschen übrig ließ. Darin schildert sie, so Henning Jürgens, „seine Tätigkeit in leuchtenden Farben; er habe mehr als sieben Jahre tadellos gearbeitet und bei allen den Eindruck höchster Gelehrtheit und Frömmigkeit hinterlassen, doch der Kaiser habe nun seine Ausweisung befohlen. Um Schaden von Untertanen und Land abzuwenden, habe sie sich mit ihm geeinigt, dass er das Land verlasse, nachdem auch die Emder Gemeinde ihn förmlich aus ihrem Dienst entlassen habe. Wenn wieder ruhigere Zeiten eintreten sollten, könne er in sein Amt zurückkehren, andere Gründe für seine Entlassung gebe es nicht, alle seien mit ihm zufrieden gewesen, was sie mit diesem Schreiben bezeuge." Auch erwähnt Jürgens, dass der scheidende Superintendent „nach einem Abschiedsessen unter großer Teilnahme der Emder Gemeinde mit seiner Familie nach England" aufgebrochen sei. Denn hierhin war er erneut vom englischen Erzbischof Cranmer eingeladen worden.

Tätigkeit in London

Nachdem a Lasco die Wintermonate bei seinem Freund Albert Hardenberg in Bremen verbracht hatte, kehrte er im Mai 1550 wieder nach London zurück. Hier ernannte ihn König Eduard VI. zum Superintendenten für die ausländischen Flüchtlingsgemeinden. Denn in England hatten sich damals viele protestantische Glaubensflüchtlinge vom Festland – vor allem Niederländer, Wallonen, Franzosen und Italiener – niedergelassen. Ihren Gemeinden eine Ordnung und Struktur zu geben, war a Lascos Aufgabe. Und er scheint in der Tat für diese reizvolle (und im Übrigen auch gut dotierte) Mission der richtige Mann gewesen zu sein, zumal ihm große Freiräume gewährt wurden: Die Flüchtlingsgemeinden sollten als Freiwilligkeitsgemeinden unabhängig von der Church of England ihre eigene Ordnung und ihr eigenes Bekenntnis entwickeln und durften sich in dem Gebäude eines früheren Augustinerklosters versammeln.

A Lasco scheint sich mit Feuereifer auf seine neue Tätigkeit gestürzt zu haben, für die er ja schon Erfahrungen in Ostfriesland gesammelt hatte. Henning Jürgens: „Schon wenige Monate nach seiner Einsetzung verfasste er die Kirchenordnung für die Flüchtlingsgemeinden. Diese Ordnung wurde neben Calvins ‚Institutio' zu einem der Schlüsseltexte reformierter Kirchenordnung in Europa. Sie (...) formulierte zugleich eine Agende und eine Ämterlehre für eine allein nach Gottes Wort ausgerichtete Kirche, die (...) ihr Gemeindeleben autonom regeln konnte. (...) A Lasco formulierte zudem ein Glaubensbekenntnis und eine Schrift zur Abendmahlsfrage." Die von dem neuen Superintendenten verfasste, von Calvin und Bullinger beeinflusste Kirchenordnung sah auch die Gemeindezucht und die Einrichtung eines Coetus vor. Diese Ordnungsmerkmale waren also für den aus Ostfriesland nach England gewechselten Superintendenten offensichtlich sehr wichtig.

Bereits nach drei Jahren erfuhr a Lascos intensive, fruchtbare Tätigkeit in London ein jähes Ende. Eduard VI., der Förderer der protestantischen Flüchtlingsgemeinden, starb. Ihm folgte seine katholische Halbschwester Maria Tudor („Bloody Mary"), die sofort eine gnadenlose Politik der Rekatholisierung ihres Landes durchzusetzen versucht. Besonders die ausländischen Flüchtlingsgemeinden sind ihr ein Dorn im Auge. Als erstes wird ihren Predigern ein Predigtverbot auferlegt. Da für die Zukunft Schlimmstes zu befürchten ist – Vertreibung, Gefängnis oder gar Hinrichtung – entschließt sich Johannes a Lasco zur Flucht. Gemeinsam mit einer Gruppe von rund 200 Gemeindegliedern verlässt er auf zwei dänischen Frachtschiffen am 17. September 1553 London. Zu den Flüchtlingen gehören auch der Prediger der niederländischen Flüchtlingsgemeinde Marten Micron (ihn berief später Gräfin Anna ins Predigeramt nach Norden) und der Älteste Jan Utenhove. Ihr Ziel ist Dänemark.

Doch was für eine Odyssee liegt vor ihnen! Immer wieder setzen Herbststürme den Segelschiffen und ihren Passagieren zu. Die Stürme sind so gewaltig, dass die beiden Schiffe den Kurs verlieren und getrennt werden. Eines landet sogar vorübergehend in einem norwegischen Fjord. Erst Anfang November erreicht man Kopenhagen. Aber die Flüchtlinge erwartet hier eine große Enttäuschung. Beeinflusst durch seinen Hofprediger und einer gegen die Reformierten gerichteten Kampfschrift des Hamburger Hauptpastors Joachim Westphal, einem unermüdlichen theologischen Scharfmacher in Sachen des rechten Abendmahlsverständnisses, verweigert ihnen der lutherische König die Aufnahme in seinem Land. Es sei denn, die reformierten Gläubigen würden sich der lutherischen dänischen Kirchenordnung unterwerfen. Wozu diese jedoch nicht bereit sind.

Johannes a Lasco reist nun über Hamburg nach Emden, wo er noch im Dezember des Jahres 1553 eintrifft und von der Gräfin Anna nun wieder mit offenen Armen aufgenommen wird. Denn die politische Situation im Reich hatte sich inzwischen nach dem Passauer Vertrag von 1552 zugunsten der Protestanten gewandelt. So kann es die Gräfin nicht nur riskieren, a Lasco wieder als Theologe in Emden wirken zu lassen, sondern sie entspricht auch seiner Bitte, die Londoner Flüchtlinge in Ostfriesland aufzunehmen. Diese treffen schließlich nach einer Irrfahrt über die Ostsee, auf der sie von den lutherischen Hansestädten Rostock, Wismar, Stralsund und Lübeck abgewiesen wurden, im Frühjahr 1554 in Emden ein. Ihnen sollten schon bald weitere Glaubensflüchtlinge aus London folgen.

Offiziell scheint a Lasco nach seiner Rückkehr nicht wieder zum Superintendenten ernannt worden zu sein. Ganz sicher aber hat er im Kollegium die Stellung eines Primus inter Pares wieder eingenommen. Gleich zu Beginn seines Dienstantritts als Pastor an der Großen Kirche entfacht er im Coetus eine theologische Auseinandersetzung. Während seiner Abwesenheit hatte nämlich sein Emder Pfarrkollege Gellius Faber, ein versierter, einflussreicher Theologe, der nach a Lascos Entlassung dessen Stelle als Superintendent zwar nicht formell, aber doch faktisch eingenommen hatte, einen Katechismus verfasst, der nun unmittelbar vor der Drucklegung stand. Er war, so Menno Smid, „ein Versuch, im Bucerschen Sinne zwischen Luther, Zwingli und Calvin zu vermitteln" und hatte „vor allem im Abendmahl Formulierungen, die Luthers Auffassung näher kamen". Doch jetzt war es a Lasco, dem diese vermittelnde Position Fabers zu weit ging. Er interveniert nachdrücklich und stoppt im letzten Moment den Druck von Fabers Katechismus.

Nach intensiven Beratungen im Coetus wird schließlich gegen Ende des Jahres 1554 ein in 94 Fragen gegliederter neuer Katechismus verabschiedet, der sog. „Kleine Emder Katechismus". Angesichts der unklaren Verfasserfrage vermutet Menno Smid, dass er „wahrscheinlich doch wohl ein Gemeinschaftswerk der Emder Pastoren (ist), an dem a Lasco und Faber führend beteiligt waren".

Weiter führt Smid zu dem neun Jahre vor dem Heidelberger Katechismus verfassten „Emder Katechismus" aus: „Er war für die eine evangelische Kirche in Ostfriesland als Lehrnorm gedacht, wurde aber zur speziellen Bekenntnischrift der späteren reformierten Kirche in Ostfriesland bis ins 20. Jahrhundert hinein."

In der Folgezeit drifteten die „Lutheraner" und „Reformierten" immer weiter auseinander. Doch fand und schuf man mit dem 1599 beschlossenen „Emder Konkordat" ein „ostfriesisches Sonderrecht", das einen Modus Vivendi für das friedliche Zusammenleben der beiden evangelischen Konfessionen und ihrer Mitglieder ermöglichen sollte: Danach bestimmten die einzelnen Gemeinden ihre Konfession selbst. Das bedeutete aber auch, dass es an jedem Ort nur eine Kirche (entweder reformiert oder lutherisch) geben sollte, wobei in dem jeweiligen Ort unter Umständen sowohl Lutheraner wie auch Reformierte als vollberechtigte Mitglieder ein und derselben Kirche angehörten. Allerdings konnte bei dieser Regelung jedes Gemeindemitglied seinen eigenen Konfessionsstand beibehalten. Wer wollte, der konnte sich sogar von einem Pastor seines Bekenntnisses betreuen lassen.

Doch a Lascos zweiter Aufenthalt in Ostfriesland sollte nur von kurzer Dauer sein. Nachdem wiederum der habsburgische Hof in Brüssel auf die Gräfin Druck wegen seiner Anwesenheit und seines Wirkens in der ostfriesischen Grafschaft ausgeübt und auf seine Ausweisung gedrängt hat – „und weil er auch mit seiner zunehmend kompromisslosen Haltung im Widerspruch zur eher vermittelnden Religionspolitik der Gräfin Anna geriet" (H. Jürgens) –, verlässt er im April 1555 endgültig Ostfriesland.

Intermezzo in Frankfurt und Rückkehr nach Polen

In Frankfurt kümmert sich a Lasco nun um eine flandrische Flüchtlingsgemeinde. Doch schon bald begeben sich die lutherischen Geistlichen der Stadt in Frontstellung gegen ihre reformierten Glaubensgeschwister. Schließlich setzt der Frankfurter Rat Johannes a Lascos' Gemeinde (und anderen reformierten Flüchtlingsgemeinden in der Stadt) ein Ultimatum: Entweder halte man sich an die lutherische Kirchenordnung und bekenne sich zur

Confessio Augustana von 1530, die ein lutherisches Abendmahls-verständnis festschreibt, oder aber die Ausreise werde angeordnet. Noch am Tag des Ratsbeschlusses, am 21. Oktober 1556, hat a Lasco Frankfurt verlassen. Ihn zog es mit Macht nach Polen zurück.

Immer noch hegt er seinen Traum von einer Reformation der Kirche in seinem Heimatland. Noch während seiner Zeit in Frankfurt hatte er daher auch die lateinische Fassung seiner Londoner Kirchenordnung veröffentlicht, mit einer Widmung an den polnischen König Zygmunt II. versehen und dieses Werk dann zusammen mit drei programmatischen Schriften an den polnischen Herrscher, den Senat und die polnischen Stände gesandt. Diese Schriften hatte er unter das Thema gestellt: „Drei Briefe über die richtige und legitime Art und Weise, die Kirche gut einzurichten."

In Polen angekommen, wird Johannes a Lasco zwar mehrmals von Zygmunt II. empfangen, doch die ersehnte Berufung zum Reforma-tor der polnischen Kirche erhält er vom König nicht. Und so begibt er sich nun in der polnischen Provinz Kleinpolen an den erfolgreichen Aufbau der dortigen reformierten Kirche. Dieser Aufbau geschah mit starken Bezügen zu den seinerzeit in Emden entworfenen Gemeindeordnungen bzw. -strukturen und dem „Kleinen Emder Katechismus" von 1554. Seinen Bemühungen um eine Einigung der polnischen Protestanten (Lutheranern, Reformierten und Böhmischen Brüdern) war jedoch zu seinen Lebzeiten kein Erfolg beschieden. Erst zehn Jahre nach a Lascos Tod am 8. Januar 1560 in Pinszów sollte es dann zu einem derartigen Zusammenschluss kommen.

Was die kirchengeschichtliche Bedeutung des Johannes a Lasco betrifft, schreiben Walter Herrenbrück und Wolfgang Schultz in ihrem Vorwort zu dem von Henning Jürgens verfassten Ausstel-lungskatalog „Johannes a Lasco. Ein Leben in Büchern und Briefen": „Johannes a Lasco hat trotz seines von Exil und etlichen Niederlagen geprägten Lebenslaufes ein bedeutendes Lebenswerk hinterlassen und den reformierten Kirchen mehr gegeben, als vielen bekannt sein dürfte. Als Superintendent der von zahlreichen Flücht-lingen geprägten Kirche von Ostfriesland (1542-1549) sowie danach als Superintendent der französischen, deutsch-niederländischen und italienischen Exulantengemeinden in London (1549-1553) hat der Pole Johannes a Lasco zum Teil gewichtigen Einfluss genommen auf die deutsche, polnische und auch englische Reformationsgeschichte im 16. Jahrhundert. (...) Seine Wirksamkeit als Anhänger der Reformationsbewegung fiel in eine Zeit, als der Protestantismus politisch stark gefährdet war. (...) Exil und Vertreibung hat Johannes a Lasco reichlich durchstehen müssen. (...) Dennoch haben gerade Männer wie Johannes a Lasco großen Anteil daran, dass der Protestantismus, zumal der reformierte, im Exil hat die Kräfte sammeln und bewahren können, die in der zweiten Jahrhunderthälfte ihn dann umso stärker zur Entfaltung gebracht haben. (...) Johannes a Lasco hat (...) als Superintendent der Londoner Flüchtlingsgemeinde wichtige Grundlagen für die spätere niederländische reformierte Kirche gelegt. Denn in London hat Johannes a Lasco zusammen mit seinem Mitarbeiter Marten Micron literarisch verarbeitet, was er zuvor in Ostfriesland an Kirchenordnung und Gottesdienstformen entwickelt hatte. (...) Schon vor der Emder Synode von 1571, als sich die Niederländisch-Reformierte Kirche gleichsam konstituierte, sind von Johannes a Lasco wesentliche Grundlagen reformierter Kirchenordnung gelegt worden, die Ostfriesland kirchlich bleibend mit den Niederlanden verbinden."

Bleibt nur noch zu ergänzen: Dass im Jahr 2013 die Stadt Emden von der Gemeinschaft Evangelischer Kirchen in Europa als erste Stadt den ehrenvollen Titel „Reformationsstadt Europas" zuerkannt bekam, das hat – neben ihrer Aufnahmebereitschaft von europäischen Glaubensflüchtlingen im 16. Jahrhundert – sicherlich auch etwas mit jenem Johannes a Lasco zu tun, dessen Wirksamkeit in Ostfriesland (und weit darüber hinaus) mannigfache Spuren hinterlassen hat.

Anmerkungen

(1) So Henning Jürgens, im Gegensatz zu Menno Smid, der von Gesprächen dieser Mönche mit a Lasco berichtet.

(2) Emden und die Große Kirche wurden bereits im weiteren Verlauf des 16. Jahrhunderts als „Moederkerk van de Nederlandse" gepriesen. Emden, das in jenem Jahrhundert zu einer der bevölkerungsreichsten deutschen Städte aufsteigen und dessen Hafen in dieser Zeit sich zum größten

Seehafen Europas entwickeln sollte, hatte ja nicht allein viele niederländische Glaubensflüchtlinge aufgenommen (und später reformierte Prediger in die Niederlande entsandt und z. T. finanziert). Durch seine zahlreichen Buchdruckereien, von denen viele von niedergelassenen niederländischen und flandrischen Buchdruckern betrieben wurden, wurde zudem von Emden aus der niederländische Markt mit zahllosen Reformationsschriften versorgt. Auch die erste Bibel in niederländischer Sprache ist in Emden gedruckt worden. – Wohl zur Erinnerung an die 1553 auf Schiffen geflüchteten und von Emden aufgenommenen Mitglieder einer niederländischen Exulantengemeinde in London (und aus Dankbarkeit für ihre damalige Rettung) ist ein Jahrhundert später ein in Stein gemeißeltes Bootsrelief am Diakonenportal der Großen Kirche angebracht worden: das „Schepken Christi". Das Medaillon wird von der Inschrift umrahmt: „Godts Kerk vervolgt verdreven, heft Godt hyr trost gegeven". So sollte dieses Relief vermutlich auch ein Sinnbild sein für die äußere Bedrohung, der die Gemeinde Christi bei ihrer „Fahrt" durch die Welt ausgesetzt ist – Sinnbild aber auch für ihr Selbstverständnis und ihre Glaubenshoffnung. Später wurde dann das „Schepken Christi" zum Siegel und Logo der Reformierten Kirche.

(3) Im Verlauf der nächsten Jahrzehnte entwickelte sich der Coetus jedoch zu einer rein reformierten Einrichtung, da spätestens ab 1590 die lutherischen Geistlichen nicht mehr an dieser einst überkonfessionellen Pastorenversammlung teilnahmen.

Literatur- und Quellennachweis

Arends, Silke: Spuren der Reformation sind in Emden gegenwärtig. In: Ostfreesland 2017. Kalender für Ostfriesland, S. 164-167
Becker, Judith: Kirchenzucht und Gemeinschaft. Zur Ekklesiologie Johannes a Lascos und seiner Gemeinden. www.reformiert-info.de/3795-0-0-20.html
Coetus der reformierten Prediger Ostfrieslands.
Wikipedia.org/wiki/Coetus_der_reformierten_Prediger_Ostfrieslands
Cramer, Karl: Die Geschichte Ostfrieslands. Oldenburg 2014 (5. Aufl.)
Deeters; Walter: Enno II. www.ostfriesische landschaft.de>BIBLIOTHEK.de>BLO/Enno_II.; BLO II, Aurich 1997, 94ff
Deeters, Walter: Kleine Geschichte Ostfrieslands. Leer 2004 (3. Aufl.)
Deuber, Jörg: „De Glovensstriet van Oldersum".
www.nordwestreisemagazin.de/religionsgespraech/dokumentation.htm
Dreßler, Sabine: Das Schepken Christi. www.reformiert-info.de/17034-0-0-20.html
Emder Konkordate. wikipedia.org/wiki/Emder_Konkordate
Geschichte der Regionen und Gemeinden der Evangelisch-reformierten Kirche: Ostfriesland. www.reformiert.de/ostfriesland.html:
Große Kirche – Moderkerk.
www.emden-touristik.de/emden-erleben/emden-zu-fuss/reformationsroute
Janssen, Heiko Ebbel: Anna – „Gräfin von Ostfriesland".

www.ostfriesische landschaft.de>BIBLIOTHEK.de>BLO/Anna; BLO IV, Aurich 2007, 272ff
Jürgens, Henning P.: Albert Hardenberg.
www.ostfriesische landschaft.de>BIBLIOTHEK.de>BLO/Hardenberg; BLO IV, Aurich 2007, 182ff
Jürgens, Henning P.: Johannes a Lasco 1499-1560. Ein Europäer des Reformationszeitalters. Wuppertal 1999
Jürgens, Henning P.: Johannes a Lasco. Ein Leben in Büchern und Briefen. Eine Ausstellung der Johannes a Lasco Bibliothek. Wuppertal 1999
Jürgens, Henning P.: Johannes a Lasco.
www.ostfriesische landschaft.de>BIBLIOTHEK.de>BLO/Lasco; BLO IV, Aurich 2007, 272ff
Kluge, Paul: Friesische Freiheit und die Reformation in Ostfriesland. Schortens 2015
Kluge, Paul: Reformiertes Ostfriesland. www.reformiert-info.de/208-0-0-20.html
Orte der Reformation: Emden (hrg. Von J. Marius J. Lange van Ravenswaay, Klaas-Dieter Voß u. Wolfgang Jahn). Leipzig 2014
Schenck, Barbara: Johannes a Lasco. www.reformiert-info.de>Johannes_a_Lasco
Smid, Menno: Ostfriesland im Schutz der Deiche, Bd. VI: Ostfriesische Kirchengeschichte. Pewsum 1974
Snitjer, Gerhard: Auf den Spuren der Reformation in Emden.
www.ndr.de/geschichte/schauplaetze/Emden-Europas-erste-Reformationsstadt
Stäcker, Thomas: Karlstadt. www.ostfriesische landschaft.de>BIBLIOTHEK.de>BLO/Karlstadt; BLO III, Aurich 2001, 224ff
Tielke, Martin: Georgius Aportanus.
www.ostfriesische landschaft.de>BIBLIOTHEK.de>BLO/Aportanus
Voß, Klaas-Dieter: Menno Simons.
www.ostfriesische landschaft.de>BIBLIOTHEK.de>BLO/Simons; BLO IV, Aurich 2007, 305ff
Wagner, P.: Ulrich von Dornum. www.deutsche-biographie.de/pnd119656620.html
500 Jahre Reformation in Ostfriesland. 20-seitige Extra im Kulturkalender Ostfriesland 2017 (Ostfriesische Landschaft)

4. Menno Simons – Führer der gewaltlosen Täuferbewegung

Die Täuferbewegung entsteht

Im Gefolge der Reformation (und zugleich parallel zu ihr) entwickelte sich die Täuferbewegung, die man später als den „linken Flügel" der Reformation bezeichnet hat. Auch die Täufer vertraten reformatorische Ansichten. Sie lehrten aber als ihr Spezifikum, dass die Taufe nicht an unmündigen Säuglingen zu erfolgen habe, sondern nur denen zu spenden sei, die sie im entscheidungsfähigen Alter auch selbst begehrten. Denn der Taufe – und damit der Zugehörigkeit zu einer christlichen Gemeinde – habe das Bekenntnis des Glaubens vorauszugehen und die Bereitschaft, ein Leben in der bewussten Nachfolge Jesu Christi und der Orientierung an Gottes Wort führen zu wollen. Das bedeutete aber auch einen Bruch mit der allgemein üblichen Auffassung einer automatischen Gleichsetzung bzw. Identität von politischer Gemeinde mit kirchlicher Gemeinde und beinhaltete so die Trennung von Kirche und Staat.

Der Ursprung der Täuferbewegung ist im Umfeld des Schweizer Reformators Huldrych Zwingli zu suchen, der Leutpriester am Großmünster in Zürich war. Einigen seiner Mitarbeiter und Anhänger war die von ihm ausgelöste Reformation nicht weit genug gegangen. Sie waren davon überzeugt, dass nach der Bibel „die christliche Kirche eine Gemeinde der Wenigen (ist), die recht glauben und wandeln". Auch waren sie Gegner der Kindertaufe und plädierten nicht nur für die Erwachsenen- bzw. Gläubigentaufe, sondern praktizierten sie auch selbst. Die erste Gemeinde der Taufgesinnten bestand jedoch nur wenige Tage, dann wurden ihre Mitglieder verfolgt und zerstreut. Doch die neue reformatorische Bewegung ließ sich nicht aufhalten. Da ihre Vertreter missionarisch sehr aktiv waren, breitete sie sich schon bald in der Schweiz, in Süddeutschland, in Österreich und in Mähren aus – trotz Verfolgung, Kerkerhaft und Scheiterhaufen.

In den nordwestdeutschen Raum und die Niederlande wurde die Täuferbewegung nicht zuletzt durch den charismatischen, von einem starken Sendungsbewusstsein erfüllten Laienprediger Melchior Hoffmann getragen. Hoffmann stammte aus Schwäbisch Hall und war ursprünglich Kürschner gewesen. Seit dem Frühjahr 1530 wirkte er in Emden, wo er schon bald über 300 Personen taufte.(1) Ihm war es durch einflussreiche Gönner ermöglicht worden, im Sitzungsaal des Kirchenrates der Großen Kirche, der Geerkammer, zu predigen. Und hier vollzog er dann auch die Massentaufe. Die Täuflinge selbst kamen aus verschiedenen Ständen. Unter ihnen waren „Bürger und Bauern, Herren und Knechte".

Allerdings stieß Melchior Hoffmann im Laufe der Zeit auf wachsenden Widerstand, nicht zuletzt hervorgerufen durch die Emder Pfarrerschaft und die evangelischen Berater des ostfriesischen Reichsgrafen Enno II. Der Druck auf Hoffmann wurde schließlich so groß, dass er im November 1530 Ostfriesland verlassen musste. Vorher setzte er noch den Holländer Jan Volkerts Trijpmaker zu seinem Nachfolger ein. Der wurde jedoch nur einen Monat später von dem Emder Magistrat aus der Stadt gewiesen.

Hoffmann verbrachte nun die nächste Zeit in den Niederlanden, wo er seine Bücher drucken ließ und auch weiterhin predigte und taufte. Im Sommer 1531 stieß er in Amsterdam auf Volkerts, der hier bereits mehrere Taufen durchgeführt hatte. Beide predigten und tauften nun in der Stadt gemeinsam, ungefähr 50 Personen. Dann griffen jedoch die Behörden ein und versuchten, Volkerts zu verhaften, fanden ihn aber nicht in seinem Quartier. Wenig später stellte sich Volkerts, das Martyrium suchend, selbst – und verriet gleichzeitig die Namen der jüngst Getauften. Da die Frau des Schulzen jedoch die Denunzierten warnen konnte, gelang es den Behörden, nur noch neun Getaufte gefangen zu nehmen. Sie wurden nach Den Haag überstellt, wo sie wenig später (gemeinsam mit Volkerts) hingerichtet wurden.

Beginn und katastrophaler Ausgang des „Täuferreichs" zu Münster

Melchior Hoffmann befiehlt nun seinen Anhängern, für zwei Jahre (bis Ende 1533) die Durchführung von Taufen auszusetzen. Daraufhin wirken viele Taufgesinnte vorerst im Stillen weiter. Dann aber – einen guten Monat vor Ablauf der von Hoffmann gesetzten Frist – behauptet der „Melchiorit" Jan Matthys aus Harlem eine Geistesausgießung empfangen zu haben. Er bezeichnet sich als den Propheten Henoch, dessen Auftreten der Wiederkunft Christi vorangehe. Er widersetzt sich Hoffmanns Taufverbot und sendet „apostolische Sendboten" aus, die nicht nur die Wiederaufnahme der Taufen verkünden und selbst auch vornehmen, sondern die auch prophezeien sollen, dass das Gottesreich und die Vertilgung der Tyrannen und Gottlosen unmittelbar bevorstehe. Unter den ausgesandten „Aposteln" befindet sich auch der Schneider Jan Bockelsen aus Leiden. Nicht zuletzt sind er und Jan Matthys dafür verantwortlich, dass nur wenig später (von 1534 bis 1535) die westfälische Stadt Münster eine Zeit der Turbulenzen und Schrecken erleben muss, die bis heute unvergessen ist.

In Münster hatte seit etwa 1530 der Priester Bernd Rothmann begonnen, die neue evangelische Lehre zu predigen. In der Bevölkerung besaß er einen großen Rückhalt, auch mehrere Honoratioren der Stadt standen auf seiner Seite. Zunehmend setzten sich auch in den anderen Kirchen des Ortes lutherisch und reformiert ausgerichtete Prediger durch. Wie wenig die katholische Kirche in der Bischofsstadt unter der Bevölkerung noch Rückhalt und Sympathie besaß, ist auch daran ersichtlich, dass bei den Wahlen zum Stadtrat im März 1533 das gesamte Gremium mit evangelisch gesinnten Ratsherren besetzt werden konnte.

Schnell wurde das religionstolerante Münster zum Zufluchtsort der woanders unterdrückten und verfolgten Täufer. Im Januar 1534 empfing auch Rothmann und mit ihm ein Großteil seiner Gemeinde die Bekenntnistaufe. Und ein Jahr später wurde bei der turnusmäßigen Ratswahl sogar die Ratsherrschaft von den Täufern übernommen. Wer jetzt von den Katholiken und nichttäuferischen Protestanten die Stadt nicht freiwillig verließ, wurde entweder zwangsgetauft oder zwangsvertrieben. In den Kirchen und Klöstern fand ein „Bildersturm" statt. Städtisches Eigentum wurde konfisziert und den Bewohnern eine Art von Gütergemeinschaft vorgeschrieben.

Diese Ereignisse lassen erkennen, dass unter den Täufern sich inzwischen eine äußerst radikale und gewaltbereite Gruppe durchgesetzt hatte. Ihre Anführer waren die oben genannten niederländischen Täufer Jan Matthys und Jan Bockelsen aus Leiden (Jan van Leiden). Auch sie hatten sich nach Münster begeben, da nach ihrer

Ansicht hier das „Neue Jerusalem" entstehen sollte, wo „die Gläubigen am Tag des unmittelbar bevorstehenden Jüngsten Gerichts Rettung finden würden" (Vera Isaiasz).

Und dann überschlagen sich die Ereignisse, in deren Verlauf es zu geradezu bizarren Entwicklungen und grauenhaften Gewaltexzessen kommen sollte. Im Februar 1534 hatten unter dem Münsterischen Fürstbischof Franz von Waldeck miteinander verbündete katholische und evangelische Heere begonnen, die Täuferstadt zu belagern. Knapp zwei Monate später kommt Jan Matthys bei einem Ausfallversuch ums Leben. Jan van Leiden ist nun unumschränkter Herrscher in der Stadt und zeigt Züge eines Größenwahnsinnigen. Er ernennt sich zum König („ein koningk der gerechticheit"). Wer an ihn und seinen Maßnahmen Kritik zu üben wagt, wird hingerichtet. Auch soll nichts mehr an das alte, verdorbene Kirchenwesen erinnern: Die Feiertage und sogar die Sonntage werden abgeschafft, und in den Kirchen darf kein Gottesdienst mehr durchgeführt werden. Nur Andachten unter freiem Himmel oder in Häusern sind erlaubt. Um das Hohe zu erniedrigen, werden die Spitzen der Kirchtürme geschleift. Und da es in der Stadt ein großes Übergewicht an Frauen gegenüber den Männern gibt, führt der selbsternannte König aufgrund einer „prophetischen Erleuchtung" die Vielehe ein. Er selbst versäumt nicht, sich einen Harem von gleich sechzehn Frauen zuzulegen.

Während der fast anderthalbjährigen Belagerung entsteht unter den Eingeschlossenen eine fürchterliche Hungersnot. Schließlich gelingt es dem Gegner dank zweier Überläufer, in die Stadt einzudringen. Was folgt, ist ein fürchterliches Blutbad: So gut wie alle Männer werden getötet, die Frauen vertrieben. Mit der Hinrichtung des Täuferkönigs Jan und zwei weiteren Führungsgestalten des einstigen Täuferreiches lässt man sich hingegen noch Zeit. Sie werden monatelang zum Spott und Gaudi der zurückgekehrten nichttäuferischen Bevölkerung vorgeführt und schließlich zu Füßen der Lambertikirche auf entsetzlichste Art und Weise zu Tode gefoltert. Anschließend hängt man die drei entseelten und entstellten Körper in eisernen Körben am Kirchturm auf.

Melchior Hoffmann saß zu dieser Zeit in Straßburg, wohin er 1533 gereist war, im Gefängnis. Hier verstarb er auch nach über zehnjährigem Kerkeraufenthalt. Er hatte die Täufer nicht zur Gewalt aufgerufen. Dennoch mag er aufgrund seines unkritischen Umgangs mit „spirituellen" Eingebungen (sowohl eigenen wie auch denen von anderen) und durch seine überhitzten Endzeitspekulationen (mit z.T. mehr oder weniger genauen Datierungsangaben) ungewollt eine Entwicklung begünstigt haben, die andere dann zur gewalttätigen Errichtung eines „Neuen Jerusalem" trieb. Auch öffnete seine von ihm bevorzugte allegorische Schriftauslegung das Tor zu einer recht willkürlichen Deutung biblischer Aussagen und Geschehnisse.

Durch die Katastrophe von Münster hatte die Täuferbewegung jedenfalls einen unermesslichen Imageschaden erlitten. Fortan konnten ihre Gegner auf die Ereignisse von Münster zeigen, um damit die „Wiedertäufer" insgesamt und undifferenziert zu diskreditieren und als gewalttätige Aufrührer hinzustellen und so den Obrigkeiten für lange Zeit ein willkommenes Alibi zu liefern für ihre Unterdrückung und Verfolgung.(2)

Der katholische Priester Menno Simons bekommt Zweifel an den Lehren seiner Kirche

Das erschütterte, heterogene niederländisch-nordwestdeutsche Täufertum selbst sollte allerdings schon bald eine Führungspersönlichkeit erhalten, die sich darum bemühte, es nach all den Irrungen und Wirrungen der Vergangenheit auf eine theologisch wie organisatorisch gute und solide Basis zu stellen. Und dieser Mann war Menno Simons.(3)

Geboren worden ist Menno Simons 1496 in dem westfriesischen Marschdorf Witmarsum. Es wird vermutet, dass er einem bäuerlichen Milieu entstammte. Nach einer eher bescheidenen theologischen Ausbildung zum Priester (möglicherweise in einem der Klöster der Umgebung), bei der er in groben Zügen die lateinische Sprache erlernte, einige Schriften der Kirchenväter las und in die rechte Amtsbedienung eingeweiht wurde, begann er seine Priestertätigkeit in dem kleinen Flecken Pingjum, ganz in der Nähe von Witmarsum gelegen. „Mit mir in gleichem Dienst standen", erklärte

Menno später in einem Bericht über seine Bekehrung, „auch zwei andere, von gleichem Alter. Der eine war mein Pastor, zum Teil wohl gelehrt, und der zweite war unter mir. Diese beiden hatten die Schrift zum Teil etwas gelesen, ich aber hatte sie in meinem Leben nie angerührt. Ich fürchtete, wenn ich sie läse, so würde ich verführt werden. Ein solcher törichter Prediger war ich ungefähr zwei Jahre lang. (…) Die zwei erwähnten jungen Männer und ich führten unseren täglichen Wandel miteinander mit Spielen, Trinken und Zeitvertreib in aller Eitelkeit, (…) Und wenn wir dann ein wenig von der Schrift sprechen sollten, konnte ich nicht ein Wort unbespottet mit ihnen reden, denn ich wusste ganz und gar nicht was ich meinte, so verschlossen lag das Wort Gottes vor meinen Augen.“

Doch der junge Vikar vermag sich mit den unwürdigen Zu- und Umständen nicht so einfach abzufinden und zu arrangieren. Hinzu kommt, dass ihn beim Umgang mit Brot und Wein in der Messe die Zweifel bedrängen, ob diese wirklich des Herrn Fleisch und Blut sind. Obwohl er in dieser Angelegenheit beichtet und betet, kann er sich zu seinem großen Kummer nicht von den Zweifeln befreien. Da wagt er es schließlich, selber das Neue Testament in die Hand zu nehmen, um in ihm eine Antwort auf seine Fragen zu finden. Bei seinem Studium kommt er zu der Überzeugung, dass die katholische Abendmahlslehre nicht gedeckt wird von Gottes Wort. Doch jetzt tauchen andere quälende Zweifel und Fragen auf: Ist er denn überhaupt berechtigt, in Lehrfragen eine andere Meinung zu haben als die kirchlich autorisierte? Macht er sich damit nicht einer schweren Sünde schuldig?

Da begeht Menno in den Augen seiner Kirche ein weiteres schweres Sakrileg: Obwohl es strengstens verboten ist, besorgt er sich einige Schriften Martin Luthers, von dem inzwischen so viel die Rede ist. In ihnen findet er den Nachweis, der ihn mit einem Schlag von seinen skrupelösen Ängsten befreit: Das Brechen von menschlichen Satzungen und Lehren, die im Gegensatz zur Bibel stehen, kann unmöglich den ewigen Tod zur Folge haben!

Menno Simons kann nicht anders, als auch weiterhin die Bibel zu studieren. Das bleibt nicht ohne Folgen. Er beginnt nun irgendwie „anders“ zu predigen. Biblischer. Und die Leute merken und mögen das! Das schmeichelt seiner Eitelkeit: „Ich (…) wurde bald von einigen (obwohl zu Unrecht) als ein evangelischer Prediger betrachtet. Ein jeder suchte meine Gesellschaft, denn die Welt hatte mich lieb und ich die Welt; dennoch hieß es, dass ich das Wort Gottes predige und ein feiner Mann wäre."

Da bekommt er eines Tages mit, dass in der friesischen Hauptstadt Leeuwarden ein frommer, gottesfürchtiger Mann namens Sicke Snijder verhaftet worden sei, weil er sich habe „wiedertaufen" lassen.(4) Menno Simons wundert sich. Er forscht nun auch in der Tauffrage im Neuen Testament, kann aber nach eigenem Bekunden „von der Kindertaufe keinen Bericht finden". Auch sein vorgesetzter Priester vermag ihn von der Berechtigung der Kindertaufe nicht zu überzeugen. Genauso wenig befriedigen ihn die Erklärungen der Reformatoren (Luther, Bucer, Bullinger), die er nun in ihren Schriften befragt.

Wenig später lässt sich Menno nach Witmarsum versetzen. Dadurch steigt er vom einfachen „Vicar" zum „Pastoor" auf. Bald schon tauchen nun auch in seinem Geburtsort Vertreter der Bekenntnis-taufe auf, später auch solche, die die Münsterischen (Irr-)Lehren vertreten. Diese Leute finden Zuspruch in der Bevölkerung. Menno fühlt sich als Ortspfarrer herausgefordert. Er tritt in seinen Predigten und durch persönliches Ermahnen gegen die Täufer auf. Mit einem ihrer Anführer führt er sogar Disputationen durch, die einmal geheim und ein anderes Mal öffentlich stattfinden.

Und dann kommt es nicht weit von Witmarsum, in dem „Alt-Kloster" bei Bolsward, zu einem aufsehenerregenden Ereignis mit fatalem Ausgang, das Menno Simons so wiedergibt: „(…) sind die armen, verirrten Schafe, die da irrten, weil sie keinen rechten Hirten hatten, nach vielen Edikten, nach vielem Morden und Umbringen, an einem Ort zusammengekommen, genannt das Oude Klooster, in der Umgebung meines Wohnorts. Dort haben sie leider, durch die gottlose Lehre von Münster veranlasst, gegen Christi Geist, Wort und Vorbild das Schwert zur Gegenwehr gezogen, welches doch der Herr dem Petrus in die Scheide zu stecken befahl." Die gewalt-tätigen Klosterbesetzer – etwa 300 an der Zahl – werden durch Eingreifen des friesischen Statthalters Schenk von Toutenburg überwunden, dabei finden viele von ihren den Tod. Unter ihnen ist auch ein Bruder von Menno Simons.

Menno bekehrt sich und schließt sich den Täufern an

Der Witmarsumer Priester ist von dem blutigem Geschehen und dem tragischen Ende seines Bruders zutiefst erschüttert. Aber noch ein weiteres bewegt ihn und bereitet ihm Gewissenqualen: „Als das geschehen war, fiel das Blut der Opfer, obgleich sie verführt waren, so heiß auf mein Herz, dass ich es weder ertragen noch in meiner Seele Ruhe finden konnte. Ich überdachte mein unreines, fleischliches Leben, dazu meine heuchlerische Lehre und Abgötterei, die ich täglich im Schein der Gottseligkeit gegen meine Seele verübte. Ich sah mit meinen Augen, dass diese eifrigen Kinder Leib und Gut, obwohl nicht in heilsamer Lehre, aber für ihre Lehre und ihren Glauben freiwillig hingaben. Und ich war einer von denjenigen, der einige ihrer Gräuel zum Teil zwar aufgedeckt hatte, doch blieb ich noch bei meinem losen Wesen und bekannten Gräueln; und zwar nur deswegen, weil ich meines Fleisches Gemächlichkeit pflegen und außerhalb des Kreuzes Christi bleiben wollte."

Menno Simons will und kann seine innere Gespaltenheit nicht länger ertragen. Nachdem er Gott aufgrund des Opferblutes Christi um Vergebung seines „unreinen Wandels und eitlen Lebens" angerufen und um Mut und Weisheit gebeten hat, „sein heiliges Wort unverfälscht predigen" zu können, beginnt er „das Wort der wahren Buße von der Kanzel öffentlich zu lehren, das Volk auf den schmalen Weg zu weisen, alle Sünden und Gottlosigkeit (...) und falschen Gottesdienst mit der Kraft der Schrift zu strafen und den rechten Gottesdienst, auch Taufe und Abendmahl, nach dem Sinn und der Lehre Christi öffentlich zu bezeugen, soviel, als ich Gnade von meinem Gott empfangen hatte. Auch habe ich jedermann vor den Münsterischen Gräueln, vor König (gemeint ist Jan van Leiden; M.H.), Vielweiberei, (Münsterisches) Reich, Schwert usw. treu gewarnt."

1536 schließlich vollzieht Menno auch äußerlich den entscheidenden Schritt: Er legt sein Priesteramt nieder und gibt damit freiwillig seine „Ehre, guten Ruf und Namen, welche ich bei den Menschen hatte", auf und begibt sich „willig in lauter Elend und Armut unter das drückende Kreuz meines Herrn Christi".(5) Er heiratet Geertruydt Hoyer und lässt sich vorübergehend in Groningen nieder. Hier vertieft er sich nicht nur weiter in Gottes Wort, sondern er sucht und findet Kontakt mit einigen „gottesfürchtigen Menschen" und bemüht sich, Irregeleitete mit Hilfe des Wortes Gottes auf den rechten Weg zu führen.

Da sucht ihn eines Tages eine Abordnung von sieben oder acht Personen auf. Es sind Taufgesinnte, deren „Glauben und Leben", so Simons, „unsträflich waren – soweit ein Mensch beurteilen kann. Sie waren nach dem Zeugnis der Schrift von der Welt abgeschieden, dem Kreuze unterworfen und hatten nicht allein vor der Münsterischen, sondern auch vor den Gräueln und Sekten aller Welt eine herzliche Abscheu." Die Männer bitten nun den ehemaligen Priester inständig, sich doch ihrer und anderer gleichgesinnten Menschen anzunehmen und ihnen als ihr Gemeindeältester mit seiner Lehrbegabung zu dienen.

Nach Gebet, Selbstprüfung und innerem Seelenkampf sagt Menno schließlich zu, zumal er nicht anders kann, als sich des großen Hungers der Taufgesinnten nach geistlicher Unterweisung anzunehmen. Wie umherirrende unschuldige Schafe, die ohne Hirten sind, kommen sie ihm vor. „Somit fing ich zu seiner Zeit an", schreibt er, „nach seinem heiligen Wort zu lehren und zu taufen und auf dem Acker des Herrn mit meiner geringen Gabe zu arbeiten." Und rückblickend auf die dann in den Folgejahren sich ausbreitende täuferische Gemeindebewegung stellt er dankbar fest: „Und der große und starke Gott hat das Wort der wahren Buße, das Wort seiner Gnade und Kraft (…) durch unseren geringen Dienst, das Lehren und das einfache Schreiben, gemeinsam mit dem sorgfältigen Dienst, der Arbeit und Mithilfe unserer treuen Mitbrüder, in vielen Städten und Ländern bekannt und offenbar gemacht und so seine Gemeinden herrlich dargestellt. Er hat sie mit solcher unüberwindlichen Kraft begabt, dass auch viele hochmütige, stolze Herren nicht nur demütig, unreine nicht nur keusch, trunkene nüchtern, geizige mildtätig, grausame gütig und gottlose gottesfürchtig geworden sind. Sie konnten für das herrliche Zeugnis Jesu Christi auch Gut und Blut, Leib und Leben treu hingeben, (…)" Aus all dem ergibt sich für Menno, dass „dies nicht die Früchte (…)

einer falschen Lehre" sein können. Auch würden diese Menschen „nicht so lange unter solchem schweren Elend und Kreuz bestehen, wären sie nicht auf des Allerhöchsten Kraft und Wort gegründet".

Wann und wo sich Menno Simons selbst hat taufen lassen, ist unbekannt. Er ist aber wohl von Obbe Philips getauft worden, der gemeinsam mit seinem Bruder Dirk jenen Teil der Täuferbewegung repräsentierte, der die Radikalität und Gewalttätigkeit der Münsterischen Täufer wie auch die zugespitzten, spirituellen Sonderlehren der Melchioriten ablehnte, da sie nicht vom Wort Gottes gedeckt waren. Obbe Philips war es auch gewesen, der jene Delegation angeführt hatte, die Menno Simons zum Anschluss an ihre Bewegung gewann.

Menno steigt zum anerkannten Führer der Täuferbewegung auf

Nach seinem Beitritt zu den nach Obbe Philips genannten „Obbiten" wird Menno Simons durch seine vielen Reisen, seine Briefe, Schriften und Bücher (von denen das bekannteste und wirkmächtigste das „Fundamentbuch" werden sollte) schnell zum führenden Kopf der Täuferbewegung in den Niederlanden und Norddeutschland, aber auch darüber hinaus. Sein Credo und Wahlspruch war: „Einen anderen Grund kann niemand legen außer dem, der gelegt ist, Jesus Christus" (1 Kor 3,11). Menno muss ein sehr guter Prediger und Disputant gewesen sein. Doch wo immer er auch auftauchen mochte: fast überall drohte ihm Ausweisung, Verhaftung oder Schlimmeres. Häufig musste er sich mit Frau und Kindern im Verborgenen aufhalten. In den Niederlanden wurde er sogar steckbrieflich gesucht und war auf ihn ein hohes Kopfgeld ausgesetzt. Es kam sogar vor, dass Menschen, die ihm heimlich Unterschlupf gewährt hatten, dafür mit ihrem Leben zahlen mussten.

Doch zunächst wandte sich Menno Simons Ostfriesland zu, wo er verhältnismäßig sicher wohnen konnte. Häuptling Ulrich von Dornum hatte ihn in Oldersum für einige Zeit gastfreundlich aufgenommen. Doch wagte sich Menno immer wieder von seinem neuen Standort aus zu Reisen in seine alte Heimat und vermochte dabei in Friesland und Amsterdam viele Anhänger zu gewinnen. Wann Menno

Oldersum verlassen hat, ist nicht bekannt, doch hat er auf jeden Fall 1543 wieder in Ostfriesland geweilt und Taufgesinnte betreut.

Auf Initiative des für die Durchführung der Reformation in Ostfriesland zuständigen Superintendenten Johannes a Lasco kommt es dann vom 28. bis zum 31. Januar 1544 zu einer Disputation mit Menno Simons, dem Täuferführer.(6) Man trifft sich vor großem Publikum in der Kirche des Emder Franziskanerklosters. Menno ist dem gelehrten a Lasco zwar an theologischer Bildung unterlegen, aber er erweist sich als ebenbürtiger Disputant, bibelfest und schlagfertig wie er ist.

Über fünf Themenschwerpunkte ist bei dem Streitgespräch verhandelt worden: die Fleischwerdung Christi, die Taufe, die Erbsünde, die Heiligung und die Berufung von Predigern. Über Erbsünde und Heiligung konnten sich beide Seiten einigen, nicht aber über die anderen Diskussionspunkte. Dabei sollte sich Mennos Ansicht von der Fleischwerdung Christi bei der Disputation als seine besondere theologische Schwachstelle erweisen. Er vertrat nämlich in dieser Frage (in Anlehnung an Melchior Hoffmann) eine eher eigenartige Anschauung: Christus, der Gottessohn, sei zwar durch die Wunderwirkung des Heiligen Geistes in Maria Mensch geworden, doch habe er nicht die menschliche Natur von Maria angenommen. (Jan Auke Brandsma: „Anscheinend vermochte Menno nicht zu begreifen, wie Christus vollkommener Mensch und der menschlichen Natur teilhaftig werden konnte, ohne dabei zugleich mit der Sünde der Menschen befleckt zu werden.") Menno selbst, der in seiner Rechtfertigungslehre beiden, den Lutheranern und Reformierten, und in seiner Abendmahlslehre zumindest den Reformierten nahe stand, war es übrigens gar nicht recht, dass seine besondere Auffassung von der Fleischwerdung Christi (die das süddeutsche Täufertum übrigens nicht teilte) derart thematisiert und hochgespielt wurde.

Nach Beendigung der Gesprächsreihe hat a Lasco von Menno Simons – nach dessen eigenem Bekunden – „freundlich Abschied genommen und mich mit Frieden meine Straße ziehen lassen". Auch legte der Täuferführer innerhalb von drei Monaten dem Superintendenten seine theologischen Ansichten in schriftlicher Form vor. Er entsprach damit einem ausdrücklichen Wunsch a

Lascos, damit dieser der Obrigkeit Aufschluss geben könne, worauf sich der Glaube der Täufer gründe. Von einer Veröffentlichung war aber nicht die Rede gewesen. Dennoch ließ a Lasco das Manuskript (in dem auch ausgiebig die Frage der Fleischwerdung Christi behandelt wurde) ohne Mennos Wissen und Einwilligung drucken(7), um nur wenig später eine Gegenschrift herauszubringen. Erst 1554 wird Menno dann mit der Verteidigungsschrift „Christus Jesus ist Mensch und Gott" auf die gegen ihn bzw. seine Lehre erhobenen Vorwürfe antworten.

Noch im selben Jahr, in dem das Emder Religionsgespräch stattfand, erließ die ostfriesische Regentin Anna auf Druck der habsburgischen Statthalterschaft in Brüssel und ihres katholischen Schwagers Graf Johann I., der unablässig intrigierte und gegen die Täufer eiferte, ein Edikt gegen täuferische Gruppen und Gläubige. Ihm sollten in den nächsten Jahren noch weitere Erlasse folgen, in denen den Täufern ihr Aufenthalt in Ostfriesland untersagt wurde. Nach Henning Jürgens wurden die entsprechenden Mandate jedoch nicht immer und überall konsequent durchgeführt. Er kommt zu dem Resümee: „Trotz der zeitweilig unternommenen Versuche zu ihrer Vertreibung blieben die Täufer und andere nonkonformistische Gruppen weiterhin zahlreich in Ostfriesland vertreten. Auch neue Mandate änderten daran nichts. Weder verfügte die gräfliche Regierung über die Mittel zur Durchsetzung der Mandate etwa in den Dörfern, noch bestand im Land großes Interesse an der Vertreibung. (…) Weder Johannes a Lasco mit seinen Gesprächen noch der Gräfin mit ihren Verboten gelang es also letztlich, der Täufer Herr zu werden. A Lasco bemühte sich zwar, mit ihnen auf theologischer Grundlage zu einer Einigung zu kommen und hielt an einer differenzierenden Haltung fest, als seine Gespräche mit den Täuferführern scheiterten. Doch sein Ziel, die Täufer in seine Gemeinde zurückzuführen, erreichte er wohl nur in Einzelfällen. (…) Doch auch mit den schärferen Edikten konnte sich die Landesregierung nicht gegen die Täufer durchsetzen. Es fehlte (…) wohl auch an der Bereitschaft der lokalen Amtleute, die Täufer wirklich des Landes zu verweisen. So blieben sie in Ostfriesland ein weitverbreitetes Element des religiösen Spektrums und wurden bald mit stillschweigender oder offener Akzeptanz im Land geduldet."(8)

Im unermüdlichen Einsatz für die täuferischen Lehren und Gemeinden

Menno Simons selbst hatte noch vor Bekanntmachung des ersten Ausweisungsedikts Ostfriesland verlassen. Er wirkte nun für etwa zwei Jahre schwerpunktmäßig im Kölner Raum, wo er sich unbehelligt aufhalten konnte, da hier seine Tätigkeit von dem evangelisch gesinnten Erzbischof Hermann von Wied toleriert wurde. Nachdem von Wied sein Amt jedoch verloren hatte, verlegte Menno seine Wirksamkeit in andere Regionen. So trifft man ihn etwa in Lübeck, in Emden, wo er 1551 Leenaert Bouwens zum Ältesten der dortigen Gemeinde einsetzt(9), in Goch, in Friesland oder auch in Westpreußen, Lettland und Estland an. Stets missionarisch aktiv und immer bemüht, die verstreuten und versprengten Täufer(gemeinden) zu betreuen und zu unterweisen. Immer bereit aber auch, Menschen, die dies begehren, auf ihr persönliches Bekenntnis hin zu taufen. Es sind Jahre der Rast- und Heimatlosigkeit, in denen er in ständiger Gefahr steht, entdeckt, verraten und verhaftet (und hingerichtet) zu werden. Und dann sind bei seiner Wanderschaft ja auch noch seine Frau und Kinder dabei… Es ist kein leichtes Leben, das Menno führt. Aber es ist ein Leben, das zu jedem Opfer bereit ist, wenn es darum geht, Christus so nachzufolgen und zu dienen, wie es der eigenen Glaubenserkenntnis entspricht.

In seinen Schriften versucht Menno nicht nur, die Taufgesinnten zu stärken und ihnen und ihren Gemeinden ein gewisses Lehrfundament zu liefern, sondern er möchte auch den Kirchen(vertretern) und den Obrigkeiten darlegen, welcher Art der Glaube der Täufer ist und sie zur Aufgabe ihrer Verfolgung bewegen.(10) Dabei betont er die uneingeschränkte Friedfertigkeit der Täufer und weist die Unterstellung, „dass wir aufrührerisch seien, gleichwie die Münsterischen, und dass wir der Obrigkeit nicht gehorsam seien", empört und mit Entschiedenheit zurück, indem er ausführt: „Darauf antworten wir: Erstens, dass die Münsterischen aufrührerisch gewesen sind und in vielen Dingen ohne und wider Gottes Wort gehandelt haben, bekennen wir, dass wir aber mit ihnen eins sein sollten, das müssen wir in Abrede stellen. Wir sind diesen aufrührerischen Gräueln von Herzen feind. Mit solchen, die dem König widerstehen, irdische Macht suchen, das Schwert führen, der Vielweiberei anhangen (…)

und dergleichen Schanden mehr tun, essen noch trinken wir und halten auch keine Gemeinschaft. (…) Gleichwie die Papisten und Lutheraner nicht wenig voneinander abweichen, so und noch viel mehr weichen wir in unseren Ansichten ab von den Münsterischen und von anderen Sekten, welche von diesen entsprungen sind. (…) Wir bezeugen, dass unsere Herzen und Gewissen vor Gott rein und frei sind von allem Aufruhr, Hass, aller Rache und allem Blutdurst. Wir sind mit allem Ernst bestrebt, nach der Lehre Pauli, mit allen Menschen in Frieden zu leben, sofern es möglich ist. (…) – Zweitens, warum beschuldigen sie uns ungereimterweise des Aufruhrs, da wir doch daran vollständig unschuldig sind, aber legen kein Gewicht auf ihren eigenen blutigen, mörderischen Aufruhr, der ohne Ende oder Grenze ist? O Herr! Wie viele Fürstentümer, wie viele Städte, wie viele Länder haben sie zugrunde gerichtet und verwüstet. Wie viele Brände haben sie gestiftet, wie viele Hunderttausend haben sie erwürgt? (…) Welch eine brutale unmenschliche Tyrannei haben sie verübt und verüben sie noch alle Tage? Alles dies aber bemerken sie nicht, sondern geben vor, es sei alles recht und gut getan. (…) Wir haben durch die uns verliehene Gnade Gottes unsere Schwerter zu Pflugeisen und unsere Spieße zu Sicheln gemacht und werden unter unserem wahren Weinstock, Christus, unter dem Fürsten des ewigen Friedens sitzen und uns zu dem äußerlichen Streit und Krieg des Blutes nimmermehr rüsten noch begeben. (…) – Drittens antworten und sagen wir, dass wir kein anderes Schwert kennen und brauchen denn das, welches uns Christus Jesus selbst aus dem Himmel auf die Erde gebracht hat und welches die Apostel in Geisteskraft geführt haben, nämlich das, welches aus des Herrn Mund geht, das Schwert des Geistes, das (…) ein Richter (ist) der Gedanken und Sinne des Herzens. (…) Dieses Schwert ist's, welches auch wir führen und werden dasselbe weder um der Kaiser, der Könige noch um aller Beamten willen ablegen. Denn Petrus spricht: ‚Man muss Gott mehr gehorchen denn den Menschen.' (…) – Wiederum: Dass wir der Obrigkeit ungehorsam sein sollten in demjenigen, wozu sie von Gott verordnet ist, kann mit der Wahrheit nicht bewiesen werden. Ich meine die gesetzlichen Dinge, nämlich in ihrer Verordnung bezüglich der Dämme, Wege und Gewässer, des Zolls, des Zinses, der Steuer etc."

Und was die Behauptung der Verfolger der Täufer betrifft, dass es „recht (sei), uns nachzustellen, weil wir viele Menschen bedauernswert verführen und ins Verderben bringen", so stellt Menno nicht ohne einen ironischen und verbitterten Unterton fest: „Wenn man die Sache nach dem Fleisch ansieht und richtet, scheint es allerdings, dass viele von uns bedauernswürdig betrogen werden, denn alle diejenigen, welche unserer Lehre und unserem Glauben, Leben und Bekenntnis in Gehorsam und Kraft zu folgen begehren, müssen alles, was sie von Gott empfangen haben, gefährden: guten Namen und guten Leumund, Land, Haus, Hof, Gold, Silber, Vater, Mutter, Schwester, Bruder (…), ja selbst Leib und Leben. Man zeigt mit Fingern auf sie hin. Sie werden mit Füßen getreten und von jedermann gehasst, belogen, verleumdet, verraten und dem Tode überliefert. Galgen, Rad, stinkende Pfützen, Pfähle und Schwerter sowie auch noch Hunger, Durst, Mangel, Ungemach, Leiden, Elend, Angst, Blöße, Trübsal, Tyrannei, Schläge, Kerker und Banden müssen ihr Teil auf dieser Erde sein. Niemand vermag, ohne sein Leben und seine Habe in Gefahr zu setzen, ihnen einen Dienst zu leisten oder gegen sie freundlich zu sein. (…) Kurzum, sie werden von der Welt als des Himmels und der Erde unwürdig betrachtet. Sie verabscheuen außerdem alle Pracht und Hoheit, Gefräßigkeit und Trunkenheit, alles wollüstige Leben etc. (…) Überdies lehren sie Demut, Nüchternheit und ein niedriges, verachtetes Leben in aller Furcht des Herrn, (…) Es ist darum, meiner Ansicht nach, kein Wunder, dass die blinde, verirrte Welt, die den heiligen Geist weder hat noch kennt, wie Christus sagt, sondern allein irdische Dinge sucht, (…) solch ein Leben für das Resultat von Verführung und Betrug ansieht, und dasselbe hasst und verachtet."

Enttäuschung in Wismar

In der Zeit von 1553 bis Anfang 1554 lebte Menno Simons verborgen in Wismar. Als nun in jenem Winter ein Schiff mit vertriebenen reformierten Glaubensflüchtlingen aus London in der Ostsee unweit der Stadt in eine Notlage geriet und die lutherische Obrigkeit keine Anstalten machte, den reformierten „Ketzern" beizustehen – sie sollten später in Emden eine neue Heimat finden –, kommt es im weiteren Verlauf dieses Ereignisses zu einer für Menno sehr enttäuschenden Erfahrung. Sie führte letztendlich dazu, dass er und andere Taufgesinnte sich nicht mehr länger in der Ostseestadt aufhalten konnten. Über diesen Vorgang hat sich Menno Simons später ausführlich ausgelassen. Unter anderem schreibt er: „Im Jahre 1553, ein wenig vor Mitte des Winters, geschah es, dass den Brüdern (der Wismarer Täufergemeinde; M.H.) angesagt wurde, es wäre ein ganzes Schiff voll Leuten aus Dänemark angekommen, die ihres Glaubens halber aus England vertrieben wären und ein Stück Weges draußen im Eis eingefroren lägen. Als nun die Brüder solches hörten, erfasste sie von Stunde an ein christliches Erbarmen, was auch billig und recht war, und sie haben sich miteinander besprochen und allen Fleiß daran gewandt (obwohl sie vermuteten, dass ihnen bei der Obrigkeit Leid daraus entstehen könnte, was auch geschehen ist), ihnen aus dem Eis zu helfen und sie geschickt ohne Aufruhr in die Stadt zu bringen, wie sie auch getan haben. Sie sind mit Weizenbrot und Wein zu ihnen gekommen, damit, wenn Kranke oder Schwache sich unter ihnen befänden, sie dieselben damit erquicken und stärken könnten. Nachdem sie dieselben in die Stadt geführt haben, haben sie auch noch etwa vierundzwanzig Taler aus ihrer Armut zusammen gebracht, damit, wenn Bedürftige unter ihnen wären, sie denselben damit dienen und zu Hilfe kommen sollten. Das Geld weigerten sie sich anzunehmen und sagten: ‚Geld haben wir schon, wir wünschen nur, dass man einigen von uns zur Arbeit verhelfen möchte.‘ Das taten dann auch die Unsrigen, so viel ihnen möglich war.“

Und dann folgt bereits die erste Enttäuschung: Als einer der Täufer sich anbietet, die Kinder des Johannes a Lasco – dieser hatte die Londoner Flüchtlingsgemeinde seit 1550 geleitet und war nach ihrer Vertreibung bereits nach Emden vorausgereist – in sein Haus aufzunehmen und für sie zu sorgen, da gibt ihm Hermes Backereel, der Prediger der Flüchtlinge, die spitze Antwort: „Nein, das würde so nicht dienen, denn Johannes a Lasco ist ein Mann, der viel mit Herren, Fürsten und großen Leuten verkehrt, und es könnte seinen guten Namen in Verruf bringen, wenn seine Kinder bei solchen Leuten sein würden.“

Nach einigen Tagen bestellt Hermes Backereel einige Täufer zu sich und lässt sie wissen, dass er eine Disputation mit Menno Simons zu führen wünsche, von dem er wisse, dass er in der Stadt sei. Menno ist dazu unter der Bedingung bereit, dass sein Aufenthaltsort geheim bleiben würde. Obwohl man dieses auch versprach, musste er feststellen, dass „man nicht lange nachher in Emden auf der Straße zu erzählen wusste", wo er sich befände und mit wem er alles diskutiert habe. Denn auch mit einem anderen Prediger der Londoner Flüchtlingsgemeinde, dem angesehenen Martin Micron, hatte Menno disputiert. Mit ihm kam es im Februar 1554 zu zwei dicht hintereinander geführten Streitgesprächen. Besonders das letzte verlief höchst unbefriedigend und artete sogar in einen Zank aus, so dass schließlich der Hausherr, bei dem man sich getroffen hatte, sämtliche Teilnehmer des Treffens kurzerhand aus seinem Haus warf.(11)

Nun griff auch die Obrigkeit ein. Per Dekret verwies die Stadtregierung zunächst die Reformierten aus Wismar. Später, im November 1554, traf es auch die Täufer, nachdem lutherische Geistliche immer heftiger gegen sie agitiert hatten. Auch sie wurden nun aus der Stadt verbannt und mussten sehen, wo sie eine neue Bleibe finden mochten. Ein knappes Jahr später gaben sogar die sechs bedeutenden Hansestädte Lübeck, Hamburg, Rostock, Stralsund, Wismar und Lüneburg gemeinsam ein strenges Plakat gegen die „Sakramentarier" (also Reformierten) und „Wiedertäufer" heraus.

Menno findet endlich einen Zufluchtsort

Zu diesem Zeitpunkt hatte Menno bereits in Wüstenfelde (nördlich von Oldesloe gelegen) einen neuen Zufluchtsort gefunden, wo er bis zu seinem Tod am 31. Januar 1561 unbehelligt wohnen konnte. Diese sichere Heimstatt hatte er dem Grafen Bartholomäus von Ahlefeldt zu verdanken, der im holsteinischen Fresenburg ein großes Landgut besaß und hier Menno (und mit ihm zahlreichen weiteren Täufern) gegen eine Gebühr von einem Taler pro Jahr und Familie gestattete, sich in der zu seinem Besitz gehörenden kleinen Ansiedlung Wüstenfelde niederzulassen. (Später kamen noch weitere Ortschaften hinzu.) Damit bewies der Graf, der offensichtlich eine Persönlichkeit mit einem starken Ehrgefühl und Gerechtigkeitsempfinden war, ein großes Maß an Mut und Selbstbewusstsein, denn es war in jener Zeit ja alles andere als opportun, Täufern

Schutz zu bieten. Und so blieben dann auch Schwierigkeiten mit König Christian III. von Dänemark nicht aus, zu dessen Reich damals der südliche Teil Holsteins zählte. Doch von Ahlefeldt wusste zu verhindern, dass seine Schützlinge den Behörden ausgeliefert wurden. Dass er den Täufern Sympathien entgegenbrachte, hing wohl nicht zuletzt auch damit zusammen, dass er vor Jahren bei einem Aufenthalt in den Niederlanden mehrere Male mitbekommen hatte, wie „Anabaptisten" („Wiedertäufer") den Märtyrertod erlitten. Ihr Glaubensmut hatte ihn damals stark beeindruckt. Auch hatte er die Täufer als fromme und friedliebende Menschen kennengelernt.

Bald nach Mennos Aufnahme verlegte ein Lübecker Drucker, Gesinnungsgenosse der Taufgesinnten, notgedrungen seine Druckerei in eine Kate nahe bei Wüstenfelde. In ihr ließ nun Menno viele seiner Schriften drucken. Wüstenfelde selbst ist im Dreißigjährigen Krieg dem Erdboden gleichgemacht worden. Die Kate aber, in der der Überlieferung nach sich die Druckerei befunden haben soll, steht immer noch. Sie wurde 1960 von der Vereinigung der Deutschen Mennonitengemeinden gepachtet. Nach Sanierung des denkmalgeschützten Hauses wurde in ihm ein kleines Museum, die „Mennokate", eingerichtet.

Interne Auseinandersetzungen überschatten Mennos letzte Lebensjahre

Auch wenn Menno Simons seine letzten Lebensjahre in Sicherheit und äußerem Frieden verbringen durfte, so sah er sich doch nun zunehmend mit Zwistigkeiten und Auseinandersetzungen innerhalb der mennonitischen Täuferbewegung konfrontiert. Das traf ihn bei seinem großen Verantwortungsgefühl für die täuferischen Gemeinden sehr hart. Seinem Schwager Reyn klagte er: „Ach, mein lieber Bruder Reyn! Könnte ich doch einen Tag mit dir sprechen und dir etwas von meiner Traurigkeit, meinem Schmerz und dem schweren Herzeleid mitteilen sowie von der großen Sorge, die ich betreffs der Zukunft der Gemeinde in mir trage. (…) Denn es gibt auf Erden nichts, was ich so liebe, wie die Gemeinde."

Zu einem besonderen Streitpunkt sollte sich die Frage der Gemeindezucht entwickeln. Die Gemeindezucht war Menno und den Seinen sehr wichtig, da ihnen eine Gemeinde „ohne Flecken und Runzeln" (s. Eph 5,27) stets als verpflichtendes Ideal vor Augen stand. Daher wurden Ihre Mitglieder auch zu einer Art von alternativem Lebensstil – als Ausdruck konsequenter Christusnachfolge – aufgerufen, der in deutlicher Trennung von der „Welt" und ihren Gepflogenheiten zu geschehen habe. Was nun die praktische Handhabung der Gemeindezucht betraf, so kristallisierte sich – durch vorgefallene Anlässe bedingt – als eigentlicher „Knackpunkt" die Frage heraus: Wie verhält man sich den Menschen gegenüber, die die Gemeinde wieder verlassen haben? Zwar herrschte Einigkeit darüber, dass sie zu „meiden" seien. Aber bedeutete das etwa auch, dass eine Ehegattin ihren vom Glauben abgefallenen Ehepartner zu „meiden" habe – und das auch in geschlechtlichen Dingen? Im Gegensatz zu den Hardlinern vertrat Menno lange Zeit diesen Standpunkt nicht, knickte am Ende dann aber doch in dieser Frage ein und stieß dabei auf viel Unverständnis und Widerspruch. Er soll allerdings vor seinem Tod sein Verhalten in dieser Angelegenheit bedauert haben.

Der mennonitische Theologe Johannes Reimer merkt in seiner Mernno Simons-Biografie an: „Die leidigen Fragen und die Probleme um den Bann haben den Lebensabend des sonst so gesegneten Menno vergällt. Der von Menno zuletzt vertretene Grundsatz, dass die Reinheit der Gemeinde allen anderen Zielen übergeordnet werden muss, leitete eine Entwicklung in den Täufergemeinden ein, deren Folgen wiederholte Spaltung, Streit, Lieblosigkeit und ein unübersehbarer Hang zur Gesetzlichkeit waren. Die so radikal formulierte und praktizierte Gemeindezucht missachtete offensichtlich weite Teile der biblischen Botschaft und öffnete Tür und Tor für menschlichen Missbrauch des Bannes. Die Frage, wo und wann nun der Bann zu praktizieren sei, wurde ins Ermessen der Ältesten gestellt und so der Gefahr der Missachtung der Unterscheidung von Gottesgebot und menschlicher Regel die Tür geöffnet. Statt eines Lebenswandels im Geiste wurde jetzt ein Leben nach der Regel, statt einer Heiligung in Christus wurde jetzt eine Heiligung durch die Gemeinde des Christus praktiziert. Freilich vermochte eine solche

Theologie weder die Reinheit noch die Einheit der Gemeinde aufrecht zu erhalten."

Doch auch darauf weist Reimer hin: „Menno Simons hat die Gefahren einer übersteigerten Absonderungslehre immer wieder gesehen. Seine Bemühung um die biblische Gemeindezucht belegt das anschaulich. Die besonderen Bedingungen des nachreformatorischen Europas verlangten jedoch auch von ihm Entscheidungen am Rande des Richtigen. (…) Nicht immer gelang es ihm und seinen Mitstreitern, die rechte Balance zwischen Heiligung und Mission, Weltverantwortung und Weltflucht zu finden. Mission ohne Gefahr einer schleichenden Verweltlichung, Weltverantwortung ohne Gefahr der Vereinnahmung durch die Tagesordnung der Welt – das waren die aktuellen Themen einer biblisch ausgewogenen täuferischen Sendungslehre."

Heute gibt es rund 2 Millionen Mennoniten weltweit. Sie verweigern in der Regel Eid und Wehrdienst. In manchen Ländern, wie etwa in den USA und Kanada, Mexiko, Paraguay oder Argentinien, ist es zur Bildung von mennonitischen landwirtschaftlichen Kolonien gekommen. In Deutschland selbst sind vor allem die norddeutschen Gemeinden eher liberal ausgerichtet und haben nicht selten ihre ursprüngliche missionarische Kraft eingebüßt, während die süddeutschen Gemeinden pietistisch-evangelikal geprägt sind. Seit dem Ende des vergangenen Jahrhunderts haben sich neben den etablierten deutschen Mennonitengemeinden mitgliederstarke russlanddeutsche Mennonitengemeinden gebildet.

Anmerkungen

(1) Schon im Vorjahr hatte sich Hoffmann für zwei, drei Monate in Ostfriesland aufgehalten. Damals hatte er gemeinsam mit Karlstadt eine Verteidigungsschrift gegen die Lutheraner verfasst.

Die von Melchior Hoffmann ins Leben gerufene Emder Täufergemeinde ist also die Keimzelle der später so genannten Mennonitengemeinde. Diese hat sich bis zum heutigen Tag in Emden gehalten. In der unmittelbaren Nachbarschaft zu ihrem schlichten Gemeindehaus in der Brückstraße – die vorherige Kapelle in der Hofstraße ist im 2. Weltkrieg zerstört worden – befand sich lange Zeit die Kapelle einer anderen Täufergemeinde, der

1902 gegründeten bzw. selbständig gewordenen Emder Baptisten-
gemeinde (Evangelisch-Freikirchliche Gemeinde). Sie hat inzwischen ihr
Gemeindezentrum am Steinweg.

(2) Der amerikanische mennonitische Theologe J. C. Wenger schreibt: „(...)
die größte Gefahr für die Täufergemeinschaft kam nicht von Irrlehrern,
sondern von der Verfolgung durch den Staat, die in vielen Fällen vom
staatlich unterstützten Kirchenklerus angestachelt war. Verständlicherweise
erregte das bei den Täufern bittere Gefühle gegenüber den katholischen
und protestantischen Führern jener Zeit."

(3) Über Menno Simons' Wirksamkeit und Bedeutung urteilt Johannes
Reimer: „Generationen von Gläubigen haben sich weltweit von dem
Zeugnis Mennos anstecken lassen. Nüchtern betrachtet, gebührt Menno
Simons das Verdienst, in den ‚Wildwuchs' des niederdeutschen Täufertums
Ordnung hineingebracht zu haben. Wenn auch sicherlich nicht in allen
entscheidenden Fragen, so jedoch in den wesentlichen Fragen des
Glaubens, der Gemeindelehre und -praxis gelang es Menno, dem jungen
norddeutschen Täufertum Identität und Ordnung zu vermitteln."

(4) Sicke Snijder war in Emden von Hoffmanns Nachfolger Jan Volkerts
getauft worden. Dann hatte er sich nach Leeuwarden begeben. Hier
gewann er einen Hausbibelkreis für die Lehren Melchior Hoffmanns.
Wegen seiner „Wiedertaufe" wurde er am 20. März 1531 vor der Kanzlei
des Statthalters öffentlich enthauptet..

(5) Mennos im Winter 1536/37 in Form eines Gebets verfasste Auslegung
zum 25. Psalm gibt auf meditativ-reflexive Weise seinen Seelenzustand
wieder, nachdem er sich zum endgültigen Bruch mit der katholischen
Kirche entschieden hat. Unter anderem äußert er hier: „O Herr der
Heerscharen, ich erkenne durch das Wort deiner Gnade, dass es nur einen
einzigen Weg gibt, der zum Leben führt. Dieser ist für das Fleisch eng und
schmal, ‚einen Fuß breit', wie Esra sagt, (...) Er ist gleich einem tief im
Acker liegenden Schatz, den niemand finden kann als der, dem der Schatz
von deinem Geist gezeigt wird. Lieber Herr, es gibt keinen Weg, als dich
allein; alle, die durch dich wandeln, werden die Pforte des Lebens finden.
(...) Darum bitte ich, lieber Herr, sei mir elendem Sünder gnädig, weise mir
deinen Pfad und lehre mich deine Wege. Denn dein Weg ist der rechte
Weg, rein und lieblich (...), voll Frieden und allem Guten, und wird meine
Seele leiten ins ewige Leben. (...) O Herr! Gedenke deines betrübten und
armen Dieners. Du bist ein Erforscher aller Herzen, du kennst mich, du
weißt, dass ich nichts als deinen Willen suche und begehre. Darum, lieber

Herr, richte mich nach deiner Wahrheit und lehre sie mich. Denn du bist mein Gott und Herr allein, mein Seligmacher, außer dir kenne ich keinen andern mehr. Du bist allein meine Hoffnung, mein Trost, Schild, Burg und Festung, worauf ich mich mit aller Gewissheit vertrauensvoll verlasse und sie täglich in meiner Angst, Trübsal, Not und meinem Elend erwarte. (…) Als ich der Welt diente, hat die Welt mich belohnt; sie haben mich alle gepriesen, gleichwie die Vorväter die falschen Propheten. Seitdem ich aber der Welt mit einer gottesfürchtigen Liebe entgegen komme und ihre Rettung und ihr Wohlergehen von Herzen suche, sie mit deinem heiligen Wort ermahne (…) und sie auf den gekreuzigten Christus Jesus hinweise, ist sie mir ein schweres Kreuz und wie bittere Galle geworden. (…) O lieber Herr, ich bin in ihren Augen verächtlicher als ein offenkundiger Dieb und Totschläger. Ich bin gleich wie ein verlassenes Schaf in der Wüste dieser Welt, den reißenden Wölfen preisgegeben, von ihnen gejagt und in den Tod gehetzt. Einmal schielt man mich einen armen Verführer, dann wiederum bin ich ein verfluchter Ketzer, obwohl ich durch deine Gnade nichts als die unumstößliche Wahrheit habe. So bin ich nun ihr Todfeind, weil ich sie auf den rechten Weg weise. (…) Ich habe den rechten, wahrhaftigen Glauben an dich und deinen geliebten Sohn gelehrt, damit er durch die Liebe tätig und kräftig werde. (…) Obwohl ich ein wenig aus dem Kelch deines Leidens getrunken habe, habe ich dennoch das Äußerste noch nicht geschmeckt. (…) Verlasse mich darum nicht, lieber Herr, denn es geschieht, dass selbst Bäume, welche die tiefste Wurzel geschlagen haben, vom Sturmwind aus der Erde gerissen (…) werden. (…) Darum, lieber Herr, lass mich nicht über mein Vermögen und meine Kräfte versucht werden, denn du bist treu und gut, damit ich in meiner Seele nicht zu Schanden werde. Ich bitte nicht für mein Fleisch, ich weiß, dass es doch einmal leiden und sterben muss, sondern das bitte ich allein: Stärke mich in meinem Kampf, komm mir zu Hilfe und bewahre mich. (…) O lieber Herr, bewahre mich recht und schlicht unter deinem Kreuz, dass ich dich und dein heiliges Wort in der Anfechtung nicht verleugne (…), damit ich mit allen Heiligen in der Erscheinung deines lieben Sohnes, meines Herrn Jesu Christi, das verheißene Reich, Erbe und Lohn empfangen möge, (…)"

(6) Wenige Tage vorher hatte a Lasco bereits eine Unterredung mit Nicolas van Blesdijk und anderen „Joristen" gehabt. Blesdijk vertrat bei diesem Religionsgespräch seinen Schwiegervater David Joris, der eigentlichen Führungsgestalt der nach ihm benannten Täufergruppierung. Mit ihm stand a Lasco für eine Zeit im Briefverkehr, brach diesen dann aber ergebnislos ab. Joris war eine schillernde Persönlichkeit, die sich als „dritter David" ausgab. Er vertrat verschiedene Sonderlehren und beanspruchte, als besonderer Gesandter Gottes verehrt zu werden. Menno Simons hatte sich schon früh von Joris distanziert. Nach Kornelius Krahn „warf (er) ihm vor,

dass er die Eingebungen seines Herzens und Träume höher achte als die Heilige Schrift".

Überhaupt führte a Lasco viele Gespräche mit einzelnen Täufern. Durch diese „Prüfungen" wollte er nicht nur ausloten, welche Überzeugungen sie zu bestimmten Glaubensfragen besaßen, sondern er strebte (nicht zuletzt) auch an, sie zum Eintritt in die evangelische Kirche zu bewegen und so eine mögliche Ausweisung dieser Personen zu verhindern bzw. überflüssig zu machen. Als weiteres Motiv für seine Bemühungen um ihre (Rück-) Gewinnung und Integrierung in die von ihm geleitete „reformiert-lutheri-sche" Kirche in Ostfriesland mag mitgespielt haben, dass er die Täufer auch als „Konkurrenz" empfunden haben mag, zumal diese bereits da und dort begannen, eigene parallele Gemeindestrukturen aufzubauen.

(7) So die gängige Darstellung in den Veröffentlichungen zu Menno Simons. Demgegenüber weist jedoch Henning Jürgens darauf hin, dass „unklar ist, wo und von wem die Schrift Mennos gedruckt wurde. Er hatte sie an den Emder Drost Heinrich Grawert gesandt, der sie an a Lasco weiterleitete". Es sei „nur schwer erklärlich, warum gerade a Lasco diese Schrift hätte drucken lassen sollen, denn sie dokumentiert in gewisser Weise sein Scheitern im Gespräch mit Menno. A Lasco war es nicht gelungen, wie sein Vorbild Bucer in Straßburg Täufer in seine Gemeinde zurückzuholen. Im Gegenteil sah er sich vor allem im zweiten Teil von Mennos Schrift massiven Angriffen gegen ihn und seine Gemeinde ausgesetzt. In der Einleitung seiner Antwort auf diese Schrift hat a Lasco die öffentlichen Vorwürfe gegen seine Kirche als Hauptgrund dafür ange-geben, warum er auf diese Schrift Mennos überhaupt öffentlich reagiere."

(8) An der Grenze des Jever- und Oldenburgerlandes hatten Mennoniten nach 1544 bei Gödens sogar eine neue Siedlung gegründet: Neustadt-gödens.

(9) Leenaert Bouwens muss eine große Aktivität entwickelt haben. Nach Piet Visser hat er „zwischen 1551 und 1582 mehr als 600 Erwachsene getauft, darunter mindestens 400 Emder Einwohner".

(10) Allein in den Niederlanden sollen zwischen 1529 und 1555 mindestens 50.000 Täufer gehenkt, ersäuft und verbrannt worden sein.

(11) Wieder einmal war es bei den Disputationen vorrangig um Mennos besondere Auffassung von der Menschwerdung Jesu gegangen.

Literatur- und Quellennachweis

Bärenfänger, Manfred: „Ein Schauspiel der Welt". In: Die Gemeinde 1/1994

Bärenfänger, Manfred: Menno Simons: Er lebte für die Gemeinde Jesu. In: Die Gemeinde 4/1996, S. 7

Bärenfänger: 450 Jahre Täufertum – Gemeindebewegung zwischen Schwärmern und Kirchen. Vortrag in der ev.-freik. Gemeinde Leer am 9.4.1975 (Vortragsmanuskript)

Bärenfänger, Manfred: Täufer zwischen Schwärmer und Kirchen. In: Die Gemeinde 24, 25 u.26/1980

Brandma, Jan Auke: Menno Simons von Witmarsum. Maxdorf 1983

Foth, Peter J.: Die Mennoniten. In: H.-B. Motel (Hg.): Glieder an einem Leib. Freikirchen in Selbstdarstellungen. Konstanz 1975

Isaiasz, Vera: Das Täuferreich von Münster. www.lwl.org/westfaelische-geschichte/portal/Internet

Jürgens, Henning P.: Johannes a Lasco in Ostfriesland. Tübingen 2002

Krahn, Kornelius: Menno Simons 1496-1561. Bielefeld 1993 (3. überarb. Aufl.)

Lehmann, Ralf: Schwärmerisch warteten die Menschen auf das Weltende. Vor 450 Jahren: Die Wiedertäufer in Münster. In: WAZ v. 5.5.1984

Lorenz, Andrea: Der Weg des Kreuzes. Der Täufer Menno Simons zum Gebrauch des Schwertes. In: Die Gemeinde 13/1985, 5f)

Reimer, Johannes: Menno Simons. Ein Leben im Dienst. Lage 1996

Simons, Menno: Die Schriften des Menno Simons. Gesamtausgabe. Steinhagen 2013

Simons, Menno: Unter dem Kreuz Christi. Lage 1996

Stormarn Lexikon: Mennokate. www.stormarnlexikon.de>Mennokate

Swoboda, Jörg: Die Reformation und die Täufer. In: Die Gemeinde 19, 20,21,22/1983

Täuferbewegung. 500 Jahre radikale Jesus-Nachfolge. In: pro/Christliches Medenmagazin 6/2020, 19f

Täuferreich von Münster. https://de.wikipedia.org./wiki/Taeuferreich_von_Muenster

Visser, Piet: „A Lasco wedder uns". A Lasco und die Täufer und Nonkonformisten. In: Johannes a Lasco. Polnischer Baron, Humanist und europäischer Reformator. Hrsg. von Christoph Strohm. Tübingen 2005

Voß, Klaas-Dieter: Menno Simons. www.ostfriesischelandschaft.de>BIBLIOTHEK>BLO/Simons

Wenger, J. C.: Die Täuferbewegung. Eine kurze Einführung in ihre Geschichte und Lehre. Wuppertal und Kassel 1984

Zijlstra, Samme: Melchior Hoffmann. www.ostfriesischelandschaft.de>BIBLIOTHERK>/BLO/Hoffm

Karl Immer – Wegbereiter der Krummhörner Erweckung und der Barmer Theologischen Erklärung

Erbe verpflichtet

Karl Immer hat fromme Vorfahren gehabt – und das reicht weit zurück. Denn die Familie seines Vaters stammte von jenen Salzburger Emigranten ab, die in den Jahren 1731 und 1732 in dem katholischen Fürsterzbistum Salzburg um ihres evangelischen Glaubens willen ihre geliebte Bergheimat (und mit ihr Haus und Hof) verlassen mussten. Eingeladen vom preußischen König Friedrich Wilhelm I., zogen viele nach Ostpreußen, wo sie sich dann eine neue Existenz aufbauten. Und von hier kam auch Karl Immers Vater, Karl Eduard Immer (1848-1914). „Die Hohenzollern haben uns eine Heimat gegeben, das dürfen wir ihnen nie vergessen", daran hat er seine eigenen Kinder immer wieder erinnert. Die Liebe zu den Hohenzollern ist dann auch seinem Sohn Karl quasi vererbt worden. Nicht von ungefähr hat der später in der Zeit des Kirchenkampfes zweimal den im holländischen Exil lebenden Wilhelm II. aufgesucht, um ihm über Beschlüsse der Bekenntnissynoden persönlich zu berichten. Nicht zuletzt sollte aber dem Sohn die standfeste und opferbereite Glaubens- und Bekenntnistreue seiner Salzburger Vorfahren zu einem ihn zeitlebens prägenden und verpflichtenden Erbe werden.

Karl Eduard Immer war im Jahr 1866 als 18-jähriger Schneidergeselle zum persönlichen Glauben an Jesus Christus gekommen. Bald schon entstand in ihm der Wunsch, in die Mission zu gehen. Doch erst 1869 wurde er als Schüler in das Missionsseminar in Basel aufgenommen. Nach seiner Ausbildung erfolgte die Aussendung als Missionar nach Togo (Westafrika). „Drei Jahre hat er dann", so berichtet es Gerrit Herlyn(1), „Pionierarbeit in Togoland geleistet. Aber er entbehrte die Mitarbeit und die Stütze einer Frau. Da der Missionar im fernen Togoland keine Gelegenheit hatte, ein passendes Mädchen kennenzulernen, legte er die Werbung seiner zukünftigen Frau in die Hände der Missionsleitung. Deren Wahl fiel auf ein junges Mädchen, eine Butjadinger Bauerntochter, eine fröhliche Jüngerin Jesu, geprägt von der Herrnhuter Frömmigkeit. Nach anfänglichem Sträuben erkannte sie durch die menschliche

Werbung hindurch den Ruf Gottes und machte sich eines Tages auf zur Reise in ein fremdes Land, an dessen Küste ein fremder Mann stand, der sie aus Gottes Hand zur Frau nahm. Das Zusammenleben der Eheleute in Afrika war von kurzer Dauer. Karl Immer wurde von dem berüchtigten gelben Fieber befallen. Schwarze Gemeindeglieder trugen den todkranken Mann in einer von Bananenstauden geflochtenen Sänfte zu dem Schiff, das ihn und seine Frau nach Europa zurückbrachte."

Nach seinem 5-jährigem Missionsdienst studierte K. E. Immer noch Theologie und wurde dann reformierter Pfarrer in ostfriesischen Gemeinden. Die längste Zeit über diente er in Manslagt, einem Dorf in der Krummhörn. Aber seine Gesundheit war und blieb durch seinen Tropenaufenthalt sehr angeschlagen. Häufig setzten ihm plötzlich auftretende heftige Fieberanfälle zu. Hinzu kam in seinen letzten Lebensjahren ein schweres Herzleiden.

Dennoch versah der ehemalige Missionar in großer Treue seinen Pfarrdienst. „Wie oft", schreibt sein Sohn Karl später in dem von ihm verfassten, viel gelesenen Jugendbuch *Heimatlicht*, „wurde mein Vater des Nachts herausgeschellt, auch von solchen, die in bitterer Feindschaft gegen ihn lebten. Keiner kam vergeblich, obgleich dem kränklichen Mann die Wege in die kalte Nacht sicherlich oft geschadet haben. Besonders schätzte man im Dorf die Abendbesuche der Eltern. Davon erzählte mir der Sohn eines Dorfschmiedes, (…) Er sagte mir: ‚Das waren die besten Predigten Ihres Vaters, wenn er mit Ihrer Mutter des Abends in unsere Häuser kam und sich zur Familie an den Tisch setzte.'"

Allerdings macht die Erwähnung, dass Karl Eduard Immer auch erbitterte Feinde im Dorf gehabt habe, deutlich, dass dessen Anfangsjahre in Manslagt alles andere als einfach gewesen waren. Auch darüber berichtet sein Sohn Karl Immer, indem er meint: „Der Weg meiner Eltern in das Dorf, das mein Geburtsort wurde, war ein Sterbensweg. Meine Mutter hat mir einmal gesagt: ‚Wir kamen aus der Oase in die Wüste.' Vorher waren sie in einem Fischerdorf gewesen und hatten dort erfahren, dass das Wort Gottes die Macht hat, Menschen und Familien, ja ein ganzes Dorf umzuwandeln. Aber sie konnten dort mit ihrer immer größer werdenden Familie nicht leben und nahmen den Ruf in ein reiches Marschdorf mit größerem Gehalt als den Ruf Gottes. (…) Der Sterbensweg ist aber ein Segensweg gewesen. Auch an den harten, stolzen Herzen der Marschbewohner hat sich die Macht des Wortes Gottes bewiesen. Die Männer, die aus dem Kriege zurückkehrten, haben es bezeugt, dass im Wetter der Schlachten das, was sie einst bei meinem Vater gelernt hatten, in ihren Herzen lebendig und kräftig geworden ist. Zehn Jahre nach meines Vaters Tod schenkte Gott einem seiner Söhne, der sein Nachfolger geworden war, eine Erntezeit, eine Erweckung, wie sie mein Vater ersehnt und erbeten hatte."(2)

Karl Eduard Immer und seiner Frau Flora wurden zehn Kinder geschenkt, sechs Jungen und vier Mädchen. „Sparsam und genügsam, aber auch sehr fröhlich", soll es nach Gerrit Herlyn im Pfarrhaus zugegangen sein. Drei Söhne wurden wie ihr Vater später selbst Pastor und zwei Töchter die Ehefrauen von Pastoren.

Positive Erinnerungen an die Kindheit

Am 1. Mai 1888 ist Karl Immer in Manslagt zur Welt gekommen. Gerne gedachte er später seiner Kindheit inmitten des großen Geschwisterkreises, in dem man miteinander spielte, füreinander einstand und sich gegenseitig erzog. Unvergessen geblieben ist Karl Immer, wie er abends von seinem Bettlager aus den Reden seiner Eltern oder dem lauten Vorlesen der Mutter lauschte: „Wie heimelig war es zwischen den mehr als meterdicken Wänden des hohen, schmalen, grauen Hauses, in dem kühlen Flur, der allein schon fast ein kleiner Saal war, in der Kellerstube, mit ihren roh von der Axt behauenen, riesig dicken Eichenbalken; – und daneben die kleine Kammer, in die zwei Wandbetten eingebaut waren. Abends, wenn die Eltern nicht ihre Dorfbesuche machten, saßen sie in dieser Kellerstube, die leicht zu heizen war. Vater hatte die lange Pfeife, und Mutter las gewöhnlich vor. Zuerst durften wir kleinen Kerle eine Zeitlang zuhören. Auf diese Weise habe ich eine Unmenge Bruchstücke aus wertvoller Literatur schon als Junge in mich aufgenommen. Das Machtwort des Vaters zwang uns aber schließlich in die kleine Kammer; zum Glück gestattete Mutter, dass die Glastür noch kurze Zeit ein wenig offenblieb. Schnell krochen wir auf unser weiches Strohlager, in dem manches Mal ein Mäuschen knapperte und raschelte – und hörten der weichen, melodischen Stimme der Mutter zu. Um nicht doch einzuschlafen, legte ich meine Schläfe auf die schmale, kühle Bettkante, bis ein unsichtbarer Fuß kaum hörbar die Kammertür schloss."

Auch vieles andere, was Karl Immer in seiner Kindheit erlebte, ist bei ihm positiv besetzt und hat sich ihm emotional tief eingeprägt. Etwa die mächtigen Gesänge der Choräle in den Gottesdiensten. Oder der Abendgottesdienst in der mit Kerzen erleuchteten Kirche zu Silvester, bei dem die Männer das Schlusslied „Nun danket alle Gott…" grundsätzlich stehend sangen, und wo ab der zweiten Liedstrophe sich zu der Orgelmusik das Läuten der Kirchglocke gesellte. Oder wenn er am Abendmahlstag in der mit Sand bestreuten Kirche den knirschenden Schritt seines Vaters wahrnahm, wenn der zum Abendmahlstisch im Chor geht, um die Feier vorzubereiten, bevor er dann nach dem Lied in die geöffnete Flügeltür tritt und in die wartende Gemeinde hineinruft: „Kommt, es ist alles bereit!" Oder gar der Heiligabend! Da gab es nur einen Tannenbaum im Ort und der stand im Pfarrhaus. Jung und Alt durften sich an ihm ergötzen. Sobald die Dunkelheit einsetzte, „kamen sie alle angeklappert", erinnert sich Karl Immer, „vorab die Bewohner des Armenhauses: der alte, magere, schwindsüchtige Schuhmacher, dem ich lange Zeit täglich ein Ei hinbringen musste, und Bruntje, der Zeit seiner Kindheit an Krücken ging (…), und die andern alle (…). Und dann die alten Männer und Witwen, die hier und da in den engen Katen des Dorfes wohnten. Die Männer kamen in Holzschuhen, die meisten mit Stock. Es gab dazumal viel Arme im Dorf, so dass der große Flur schon bald mit ihnen gefüllt war. (…) Wenn die Alten glücklich saßen, strömte die Jugend herein. (…) Sie drückte sich an den Wänden, in den mächtigen Fensternischen, auf der Kellerstubentreppe und auch die steile Stiege hinauf. (…) Nun erklangen die alten, herrlichen Weihnachtslieder. (…) Mein Vater sagte den Alten und Jungen die frohe Botschaft von dem Kind, dem alle Engel dienen, und das auch in unsere Dunkelheit Licht bringt. Die Feier schloss mit der Bescherung der Alten. Die Frauen bekamen ¼ Pfund Tee und dazu eine Tüte Kandis; die Männer 1 Pfund Tabak. Für alle hatte eine Freundin der Armen je ein Weißbrot backen lassen, und mein Vater gab einem jeden ein blankes, silbernes Fünfzigpfennigstück. Die Kinder bekamen nichts. Sie hatten genug an dem Lichterbaum und dem Singen und an der gemeinsamen Weihnachtsfreude. Erst wenn alle Gäste sich verlaufen hatten, durften wir Kinder in die Weihnachtsstube, (...) So haben die Eltern es uns frühe gelehrt, dass wir nicht für uns selbst da sind, und dass es nichts Größeres gibt, als anderen Freude bereiten."

Nach den Gymnasialjahren studiert Karl Immer in Marburg unter anderem Theologie. Aber was er eigentlich einmal werden will, das weiß er noch gar nicht so recht. Alles ist noch unverbindlich und vage. Da wird ganz plötzlich und unerwartet sein älterer Bruder Ferdinand, der nicht nur ein vielversprechender Medizinstudent, sondern auch ein entschiedener Christ ist, von einer heimtückischen Krankheit dahingerafft. Das ist für Karl Immer der entscheidende Weckruf. Seinen erstaunten Eltern erklärt er: „Der Herr Christus hat heute einen seiner Streiter auf dieser Erde verloren. Mit dem heutigen Tage trete ich an seine Stelle!" Er wechselt zunächst über auf die Universität in Halle, wo Martin Kähler sein Lehrer wird, und geht dann nach Tübingen, wo der bekannte Professor Adolf Schlatter lehrt.

Während seiner anschließenden Zeit als Vikar und Hilfsprediger übernimmt Karl Immer zeitweise die Leitung einer kleinen Kreis-schule (Sexta bis Untersekunda) in Pewsum. Hier lernt er auch die Lehrerin und Pfarrerstochter Tabea Smidt kennen, die schon bald seine Frau wird. Später wird ihr Sohn Karl Immanuel, der von 1971 bis 1981 Präses der Evangelischen Kirche im Rheinland war, seiner Mutter attestieren, dass sie „mit Klugheit und Verständnis von 1914 bis 1944 den Weg ihres Mannes begleitet" und „ratend und helfend die Freude und die Last des Amtes getragen (hat), das ihr als Pfarrfrau gegeben war".

Ereignisreiche Pastorenjahre in Rysum

Im Kriegsjahr 1914 wählt die evangelisch-reformierte Kirchen-gemeinde in Rysum Karl Immer zu ihrem Pastor. Bis 1925 hat er in dem Dorf, das nicht weit von seinem Geburtsort Manslagt entfernt ist, gewirkt. Unterbrochen von den letzten Kriegsjahren des 1. Welt-kriegs, in denen er an der Westfront als Feldprediger tätig war.

Der Anfang von Karl Immers Pastorendienst war nicht gerade leicht. Das zeigte sich etwa nach dem Krieg bei einer Presbyteriumswahl. Bislang war es üblich, dass die mächtigsten und einflussreichsten Personen des Ortes (die sogenannten „Interessenten") regelmäßig dem Gemeindekirchenrat angehörten. Doch der neue junge Pastor sah als entscheidendes Kriterium für dieses Amt die geistliche Befähigung der in Frage kommenden Personen an. Und so wagte er dann auch, einem reichen, im Dorf angesehenen wie gefürchteten Marschbauern mitzuteilen, dass er diesen Anforderungen nicht genüge und von daher nicht wieder gewählt werden könne. Als er dann diesen Mann wenig später besuchen wollte, verwies dieser ihn unter Drohungen von dem Bauernhof.

Und dann gab es auch in Rysum, wie in so vielen Gegenden damals in Ostfriesland, das Problem eines übermäßigen Alkoholzuspruchs, welcher so manche Nöte und Tragödien bedingte. In der Umgebung Rysums hieß es sogar, dass in diesem Dorf die Kehlen besonders „trocken" seien und das Wort Gottes zwar geachtet, der Alkohol aber geliebt werde. Doch auch hier scheut sich Immer nicht, den Kampf aufzunehmen. Im Laufe seiner Amtszeit stellten sich auch auf diesem Gebiet spürbare Veränderungen ein. So dass, wie sein Schwager (und Nachfolger im Amt) Udo Smidt in dem jüngst wieder aufgelegten Buch *Wie das Licht nach der Nacht. Aus hellen Tagen einer Krummhörner Dorfgemeinde* berichtet, „es dann je länger, desto öfter auch ohne Schnaps (ging). Sogar von alters her geübte Trinksitten wurden durch alkoholfreies Angebot überwunden, z.B. im Sommer oder Frühherbst, wenn die Dreschmaschine ihr Summen über das Dorf verbreitete, oder im Winter, wenn das geschlachtete Schwein an der Leiter hing."

Als besonders folgenreich sollte sich eine Entscheidung Karl Immers auswirken, die zunächst die Dorfjugend betraf, dann aber in der Folgezeit weitere Kreise ziehen sollte. Eines Abends vor dem Sonntagsgottesdienst erhält Immer die Mitteilung, dass die männlichen Jugendlichen für den Sonntag zu einer Versammlung eingeladen worden seien, auf der eine linksradikale Gruppe gegründet werden soll. Und der Pastor schaltet und reagiert schnell – und lädt im Sonntagsgottesdienst von der Kanzel die jungen Männer zu einem Treffen in das Pfarrhaus ein. Und zwar zur gleichen Zeit, wie die angesetzte politische Versammlung. Und sein Plan geht auf: Statt zu jener politischen Veranstaltung zu gehen, treffen sich die Jugendlichen bei ihm. Udo Smidt merkt zu diesem Vorgang an: „Als Student erlebte ich das mit. Man könnte einen Augenblick an die Vorwegnahme einer Don-Camillo-und-Peppone-Szene denken. Der Glanz von Karl Immers Humor schimmert auch durch, obwohl damit nichts von dem letzten sachlichen Ernst dieser Entscheidung weicht. Niemand von uns ahnte, dass dieser Ruf der Beginn einer Erweckung unter der Dorfjugend werden sollte."

Schon vorher hatte Karl Immer die weiblichen Jugendlichen zu wöchentlichen Zusammenkünften gesammelt. Das war damals etwas Neues. Jetzt, nach jenem ersten Treffen (mit) der männlichen Dorfjugend, kommt auch diese zu regelmäßigen Gruppenveranstaltungen zusammen. Hinzu kommt eine gemeinsame Jugendstunde am Sonntag. Sie ist schon bald so gut besucht, dass die Jugendlichen dabei nicht nur das Wohnzimmer des Pfarrhauses frequentieren, sondern auch die Küche, den Flur und sogar die Treppe. Udo Smidt: „Junge Menschen entdeckten das Evangelium und bekannten ihren persönlichen Glauben an Jesus. Wer an einem hellen Frühlingsmorgen den Weg durch Äcker und Wiesen zum Deich machte, konnte hinter dem Pflug oder bei anderer Feldarbeit die Lieder der Jugendstunde (…) weithin hören. Der Umgang mit der Bibel wurde zu einer Quelle echter Bildung, die Herz und Hirn ergriff, die Denken und Handeln und vor allem Danken und Beten lehrte. Da gab es keine Künstelei und keinen Dünkel, denn es galt: ‚… und vor dir hier auf Erden wie Kinder fromm und fröhlich sein.' Einer unserer Bauern meinte grundsätzlich: ‚Ich begreife ja vieles noch nicht; mein Vieh aber merkt es, dass nicht mehr geflucht wird…'" Höhepunkt für die Jugendlichen sollten die ab 1923 jährlich an Pfingstsonntag durchgeführten ostfriesischen Jugendtage werden, bei dem aus allen Himmelsrichtungen junge Menschen auf Booten, Wagen und Rädern nach Rysum kamen, die alte Kirche überfüllten und die Gastfreiheit der Rysumer genießen durften.

Denn nicht nur die Jugendlichen, auch große Teile der erwachsenen Bevölkerung von Rysum wurden von der Erweckung erfasst. Zwar war in jener Zeit auch in anderen Gebieten der Krummhörn christliches Leben neu aufgeblüht, aber das Zentrum dieser Bewegung lag wohl in Rysum. Bei der Erweckung erfuhren Menschen positive Wesensveränderungen. Zwischenmenschliche Beziehungen verbesserten und erneuerten sich. Nicht nur in die Herzen, auch in die Häuser zog gewissermaßen ein neuer Geist ein. Viele brachen mit der Sünde und erlebten dankbar die Vergebung Gottes. Der Gottesdienstbesuch und die Einnahme des Abendmahls nahmen stark zu. Kreise, in denen man sich zu Gebet und Bibellese traf, entstanden. Immer wieder lud Immer aber auch bekannte Pfarrer (und auch Laienprediger) zu Evangelisationen in seine Gemeinde ein. Wie sein Sohn Karl Immanuel Immer berichtet, hat sein Vater später den Kindern „oft von dieser Zeit erzählt, in welcher der Geist Gottes bei vielen zum Durchbruch kam. Er nahm aus dieser Zeit das Wissen mit, dass lebendige Gemeinde dort ist, wo sich Menschen unter dem Wort zusammenfinden und in der Kraft des Heiligen Geistes ein neues Leben anfangen."

Positiv und hilfreich wirkte sich bei all dem auch aus, dass der Rysumer Pastor durch seine verbindliche und gewinnende, fröhlich-humorvolle und natürliche Art einen guten Zugang zu den Menschen fand. Er war fest verwurzelt im Worte Gottes, geradlinig in seiner Art und doch offen für neue Wege. Wenn er einmal eine Sache als richtig und von Gott geboten erkannt hatte, dann ging es bei ihm unerschrocken nach dem Motto: „Alltied liekdör!" („Jederzeit gerade durch!") Auch zeichnete ihn in seinem Urteil und Verhalten eine große Unabhängigkeit aus. Es erfüllte ihn mit Sorge, „wenn er im Kreis seiner Amtsbrüder beobachten musste, wie man entweder steif und stur alles beim Alten lassen wollte; oder aber, wie man mit einer leicht liberalen Anpassung sich auf die ‚neue Zeit' einzustellen versuchte. Beide Richtungen waren ihm verdächtig. Orientierung nach rückwärts oder nach vorwärts standen hier für ihn zu eindeutig unter säkularem Vorzeichen und blieben deshalb ohne die Verheißung und Erwartung einer grundlegenden Wendung."(Udo Smidt)

Karl Immer bereitete seine Predigten für die beiden Sonntagsgottesdienste am Vormittag und Nachmittag gründlich und gewissenhaft vor. Udo Smidt urteilt, dass er „eindrücklich, herbe und praktisch (predigte), aber nie überschwänglich oder drängend. Er konnte anschaulich seinen Text in die Gegenwart übertragen mit einer einprägsam aufgebauten Gliederung. Trockene Gelehrsamkeit lag ihm dabei ebenso fern wie jedes unnatürliche Pathos." Die in seiner Gemeinde erlebte Erweckung schrieb Immer nicht sich selbst, sondern Gott zu und meinte sogar in seiner bescheidenen Art, dass Gott ihn „beiseite gestellt habe, um sich seiner Herde selbst anzunehmen".

Folgenreicher Wechsel nach Barmen-Gemarke

Im Frühjahr 1925 wechselte Karl Immer in die Innere Mission. Er wurde Leiter des Neukirchener Erziehungsvereins in Neukirchen, Kreis Moers. Zuvor hatte er bei seiner vielfältigen Arbeit in Rysum und dem rauen Nordseeklima erhebliche Probleme mit seiner Stimme bekommen. Doch bereits 1927 übernahm er dann wieder eine Pfarrstelle. Die Evangelisch-Reformierte Gemeinde Barmen-Gemarke hatte ihn für den dortigen Gemeindedienst gewinnen können. Die Familie war inzwischen auf neun Personen angewachsen. Seine Tochter Leni Immer schreibt: „Im Jahre 1927 kamen wir nach Barmen, die Eltern, sieben Kinder von eineinhalb bis zwölf Jahren und unsere unentbehrliche Hauke (eine Haushaltshilfe; M.H.). Unser Pfarrhaus hatte einen Speicher, der uns Kindern gehörte und den wir ‚Neu-Rysum' nannten. Dieser Name verriet unsere Sehnsucht nach der Heimat Ostfriesland und nach dem schönen kleinen Dörfchen mit den roten Backsteinhäusern."

Die rund 24.000 Mitglieder zählende Barmen-Gemarker Gemeinde erstreckte sich über die Stadtteile Oberbarmen und Mittelbarmen und war in verschiedene Bezirke aufgeteilt. Karl Immer wurde im 6. Bezirk der Nachfolger von P. Simsa. Obwohl Großstadtgemeinde, so war doch die gesamte Gemarker Kirchengemeinde für den frommen ostfriesischen Pastor wie geschaffen. Wie Robert Steiner, ein ausgewiesener Kenner der Gemarker Gemeindehistorie, schreibt, trug sie „seit dem Ende des 18. Jahrhunderts calvinisch-tersteegensches Gepräge, (…) Wenn man es in Gemarke mit einer Gemeinde zu tun hatte, die dem Pietismus Raum gönnte, so ist das nicht nur von der Geschichte her zu verstehen. Es bedeutet vielmehr auch, dass das Wort Gottes und nichts anderes die beherrschende Stellung in ihr hat. (…) Die sechs Gemarker Pastoren bildeten um 1930 einen Bruderkreis, der sehr einheitlich war und nichts anderes wollte, als das Wort Gottes den Menschen ihrer Zeit zu bezeugen.

Wenn auch Unterschiede in ihrer Predigt und ihrem gesamten Dienst nicht zu verkennen waren, so wollten sie doch nichts anderes als Diener ihres Herrn Jesus Christus sein. Von den Ältesten der Gemeinde muss dasselbe gesagt werden. Sie waren zum großen Teil aus den der Gemeinde sehr nahe stehenden Christlichen Vereinen Junger Männer hervorgegangen. Nur solche Gemeindeglieder wurden zu Presbytern gewählt, die sich als gläubige Christen bewährt und ein Urteilsvermögen in geistlichen Fragen und Aufgaben hatten."(3) Und wenn es unter den Gemeindegliedern auch unverbindliche Gewohnheitschristen gab und sich später einige wenige der NSDAP und den Deutschen Christen anschlossen, so waren doch nach Steiner „die Gemeindeglieder (maßgebend), die an den Gottesdiensten und Bibelstunden teilnahmen, auch die Vereine und Kreise der Gemeinde regelmäßig besuchten und die Geschehnisse in der Kirche mit lebhaftem Anteil begleiteten".

Immers Bezirksgemeinde lag im Ortsteil Klingelholl, wo sie einen großen Gemeindesaal und ein kleines „Kapellchen" (die Friedhofskapelle in der Hugostraße) hatte. Und wie einst in Rysum, so geht auch in Gemarke Karl Immer nicht nur mit großem Eifer ans Werk, sondern auch in der ihm eigenen Umsicht und Gewissenhaftigkeit. Mittelpunkte des Gemeindelebens waren die sehr gut besuchten Gottesdienste und Bibelstunden. Und auch in Gemarke fesselte Immer die Zuhörer durch die eindringliche Art seiner Verkündigung. „Wenn er predigte", so Robert Steiner, „dann kannte er keine Leisetreterei. Er ‚nannte die Dinge beim Namen'. Viele Gemeindeglieder erinnerten sich später an manche seiner Predigten und konnten noch Sätze aus ihnen zitieren." Und Johannes Rau, der ebenfalls im Klingelholl aufwuchs und mit seinen Eltern zur Gemarker Gemeinde gehörte und als Kind Karl Immer auch persönlich kannte, urteilt: „Karl Immer war glaubwürdig. Vollmacht lag nicht nur im bloßen rhetorischen Talent, sondern in der Übereinstimmung von Reden und Tun, in der unpathetischen Bereitschaft, einzustehen dafür, dass befreiender Glaube nicht entlässt in die Beliebigkeit des Tagesgeschehens, sondern ermutigt zum klaren und klärenden, also auch zum die Geister scheidenden Wort. Dies Wort war kraftvoll, aber es konnte leise sein. Tapfer war es immer."

Doch Immers Dienst erschöpfte sich natürlich nicht nur in der Wortverkündigung, in Seelsorge und in der Versehung der Kasualien. Seine Fürsorge galt auch der Jugendarbeit und dem großen Kindergottesdienst, in dem er auch selbst oft und gerne unterrichtete. Aber auch ganz praktisches, unkonventionelles Handeln zeichnete Karl Immer aus. So suchte ihm in großer Regelmäßigkeit einmal in der Woche ein fast taubes Gemeindemitglied auf, dem er die Predigt des kommenden Sonntags privatim vortrug. Und als in Deutschland die große wirtschaftliche Rezession zu einem Heer von Arbeitslosen führte, da sorgte er dafür, dass sich im Winter die arbeitslosen Männer in einem warmen Raum des Gemeindehauses treffen konnten. Auch stellte die Stadt den Arbeitslosen auf seine Initiative hin an der Leimbach ein ödes, verwahrlostes Stück Land zur Verfügung, dass diese nun – unter Obhut ihres Pastors – in blühende Schrebergärten verwandelten.(4)

Zusätzlich zu seinem Gemeindedienst nahm Karl Immer aber auch eine ganze Reihe von übergemeindlichen Aufgaben wahr. So brachte er von 1927 an jedes Jahr den Neukirchener „Jugendfreund"-Kalender heraus und war von 1928 bis 1932 Schriftleiter der Zeitschrift „Jugendkraft". Außerdem arbeitete er im Pastoren-Gebetsbund (später Pfarrer-Gebetsbruderschaft) mit. Auch gehörte er dem Vorstand der Evangelistenschule Johanneum an. Während der Zeit des unseligen „Dritten Reiches" sollten dann noch weitere Dienste hinzukommen.

Klare Kante gegen die „Deutschen Christen"

Bei Beginn der Naziherrschaft in Deutschland (Anfang 1933) setzten viele Deutsche – und unter ihnen auch nicht wenige Christen – große Hoffnungen auf Adolf Hitler und seine Partei. In diese Begeisterung, die viele anfangs für den „Führer" empfanden, vermochte Karl Immer nicht einzustimmen, sondern war eher skeptisch. (Leni Immer: „Er hatte das Buch ‚Mein Kampf' gelesen und wusste mehr über diesen Mann Adolf Hitler."(5))

Dann machte sich die „Glaubensbewegung Deutsche Christen" (DC), die ein „artgemäßes" und „positives" Christentum propagierte und dabei von der neuen Regierung massiv unterstützt wurde, entschlossen daran, die Glaubensbasis der Evangelischen Kirche mit der nationalsozialistischen Ideologie zu vermengen, die kirchlichen Leitungsgremien personell zu unterwandern und überdies die neu formierte Reichskirche in Gestalt des neuen DC-Reichsbischofs Ludwig Müller dem Führerprinzip zu unterwerfen. Damit war für Karl Immer eine rote Linie überschritten. Erst recht hatte nach seiner Ansicht die neue „Glaubensbewegung" auf einer Großkundgebung im Berliner Sportpalast am 13. November 1934 durch die berüchtigte Rede ihres Berliner Gauobmanns Reinhold Krause „sich selbst entlarvt" (so seine Meinung, als er die weitverbreitete Rede gelesen hatte). In Krauses programmatischer Ansprache hieß es ungeschminkt: „Der Strom der in die Kirche Zurückkehrenden muss erst gewonnen werden. Dazu ist Heimatgefühl notwendig, und der erste Schritt zu diesem Heimischwerden ist Befreiung von allem Undeutschen im Gottesdienst und im Bekenntnismäßigen. Befreiung vom Alten Testament und seiner jüdischen Lohnmoral, von diesen Viehhändler- und Zuhältergeschichten." Und: „Unsere Religion ist die Ehre der Nation im Sinne eines kämpfenden, heldischen Christentums. (…) Wenn wir Nationalsozialisten uns schämen, eine Krawatte vom Juden zu kaufen, dann müssten wir uns erst recht schämen, irgendetwas, das zu unserer Seele spricht (…), vom Juden anzunehmen. Hierher gehört auch, dass unsere Kirche keine Menschen judenblütiger Art mehr in ihren Reihen aufnehmen darf. Wir (…) haben immer wieder betont: judenblütige Menschen gehören nicht in die deutsche Volkskirche, weder auf die Kanzel, noch unter die Kanzel."

Mit aller Kraft und Macht stemmte sich Karl Immer gegen den Einfluss und die Irrlehren der Deutschen Christen und das Bestreben des totalen Staates, auch die Evangelische Kirche ideologisch und organisatorisch „gleichzuschalten". Am 26. Juni 1933 hält Karl Barth, damals noch Theologieprofessor in Bonn, auf einer in Elberfeld stattfindenden Sitzung maßgeblicher reformierter Gemeindeglieder und Theologen einen Vortrag zur Frage „Was sollen wir tun?" Dabei rüttelt er die Anwesenden, unter ihnen Karl Immer, zu Wachsamkeit und entschlossenem Handeln auf, indem er – auf die Bedeutung des Gebetes und wahrer Priesterschaft verweist,

– dazu aufruft, „aus allen Fronten und Bewegungen" herauszutreten und einen „Marsch in die Gemeinde, in Unterricht, Predigt, Seelsorge" anzutreten und

– vorausschauend darauf hinweist, dass es „mit der Zeit zu einer freiwilligen Synode kommen" werde und dass

– „die geistlichen Widerstandszentren gegen die herrschende Irrlehre in den einzelnen Gemeinden sich finden und einander zu Hilfe kommen" werden

– und dass es gelte, „Zivilcourage zu zeigen und sich sogar „für das Martyrium bereit zu machen".

Damit rennt der bekannte reformierte Theologe bei Karl Immer offene Türen ein und weist ihm den Weg für sein eigenes künftiges Engagement.

Anfang Herbst 1933 ruft Karl Immer den „Coetus reformierter Prediger" ins Leben.(6) Schon bald schließen sich ihm auch lutherische und unierte Pfarrer und Presbyter an. Die Bezeichnung „coetus" (lateinisch für Zusammenkunft, Versammlung) war gewissermaßen ein Tarnname, den Karl Immer seinen Kindern so erklärte: „Ihr wisst doch, dass kein neuer Verein gegründet werden darf, der nicht ein NS-Verein ist. Ihr wisst, dass keine Seite gedruckt werden darf, die nicht von den Organen der Regierung geprüft wurde. Da lasse ich eben den ‚Coetus reformierter Prediger', den der vertriebene polnische Reformator Johannes a Lasco im Jahre 1544 dem Emder Pfarrkreis gegeben hat, wieder aufleben."(7) Immer scheint viel von dem ostfriesischen Reformator gehalten zu haben und hatte sich dessen Ausspruch: „Dass ich lebe, ist nicht nötig; sehr nötig aber ist, dass ich der Kirche Christi beistehe" zu seinem eigenen Motto und Lieblingswort gemacht.(8)

Sinn und Zweck des Coetus beschrieb Karl Immer noch vor der ersten Sitzung am 13. Oktober 1933 so: „Ausgangspunkt für unsern Zusammenschluss ist die Not der Kirche, insonderheit der Zustand der Pastorenschaft, deren theologische Ahnungslosigkeit und charakterliche Brüchigkeit uns tief beschämt. Der Sinn eines Zusammenschlusses reformierter Prediger in Deutschland besteht darin, diejenigen Diener am Wort, die dem Zeitgeist nicht erlegen sind, um Wort und Sakrament zu sammeln zur gegenseitigen Erziehung und zur Fürsorge im Amt durch Gebet, tägliche Vertiefung in Gottes

Wort, ernste theologische Arbeit und monatliche Gemeinschaft der Brüder. (…) Wir erklären, dass wir die Kirchenwahlen vom Juli 1933 und die durch sie gebildeten Körperschaften, einschließlich der Generalsynode, für ungeistlich und dem Bekenntnis widersprechend ansehen und deshalb ihre Gesetze und Beschlüsse nicht anerkennen können. Die nach Gottes Wort reformierten Gemeinden werden sich mit einem Kirchenbau auf der Grundlage politischer Gewaltmethoden niemals abfinden." Zum Vorsitzenden des Coetus wurde Karl Immer gewählt. Auch war er für die Rundbriefe und deren Verbreitung zuständig. Die Coetustreffen und -schreiben hielten nicht nur die Gemeinschaft und Verbindung der Coetus-mitglieder untereinander aufrecht, sondern sie riefen diese auch immer wieder zu Treue und Standfestigkeit im Kirchenkampf auf. Sie gewannen schon bald eine nicht zu unterschätzende Bedeutung in der Bekennenden Kirche.

Seit Ende 1933 begann Karl Immer auch sogenannte „Unter dem Wort"-Gemeindetage zu organisieren – nicht nur in Barmen, sondern auch an anderen Orten. Auf diesen Veranstaltungen kamen Hunder-te bis viele Tausend Christen zusammen, die unter den belastenden kirchlichen Verhältnissen in jener Zeit litten und sich durch die Verkündigung der Vertreter der Bekennenden Kirche Trost und Glaubensstärkung, Orientierung und Aufklärung erhofften.

Als am Neujahrstag 1934 die Kinder Karl Eduard und Leni Immer ihren Vater auf dem Weg zum Gottesdienst in der Immanuelskirche begleiten, erleben sie den Gemarker Pastor als auffallend ernst. Dieser teilt seinen Kindern dann auch mit, dass sich der „Reichs-bischof" Ludwig Müller mit dem HJ-Führer Baldur von Schirach getroffen und die Eingliederung der evangelischen Jugendwerke in die Hitlerjugend vereinbart habe. Und so lässt wenig später Immer in seiner Predigt die vielen Gottesdienstbesucher wissen: „Wenn die Einordnung der christlichen Jugendverbände nicht rückgängig gemacht wird, können wir es bald aus dem Mund unserer Kinder hören, dass das Heil nicht in Jesus Christus, sondern in Blut und Rasse, in artgemäßem Glauben zu finden ist." Und dann folgt der Satz, der sich bald wie ein Lauffeuer in ganz Barmen verbreiten sollte (zumindest in seiner verkürzten, die ersten drei Wörter weglassenden Form) und dessen Wortwahl sogar Immers eigene

Ehefrau erschreckte: „Mit dieser Eingliederung", so der unerschrockene Gottesmann, „ist die Kirche zur Hure des Staates geworden." Ein Deutscher Christ meldet die in seinen Augen skandalöse Aussage dem Konsistorium in Koblenz, der obersten Kirchenbehörde im Rheinland. Diese nimmt Immers Predigt zum Anlass, ihn einige Wochen später in den einstweiligen Ruhestand zu versetzen. Doch das Presbyterium der Gemeinde spricht ihrem Pastor das Vertrauen aus und beauftragt ihn, auch weiterhin seinen Dienst gemäß seinem Amtsgelübde und dem Wort Gottes auszuüben. Auch erklärt sie sich bereit, für seine Familie zu sorgen. Das Konsistorium selbst hob schließlich nach einem Jahr den Ruhestandsbescheid wieder auf.(9)

Karl Immer und die Barmer Theologische Erklärung

Die im Jahr 1933 offiziellen kirchlichen Synoden in Deutschland hatten in der Regel unter dem unheilvollen Einfluss der Deutschen Christen gestanden. Auch aus diesem Grund lud Karl Immer zusammen mit anderen Gesinnungsgenossen zu einer Freien Reformierten Synode am 3. und 4. Januar 1934 nach Barmen-Gemarke ein. In der dort von Karl Barth verfassten Entschließung wird unter anderem die Übernahme des staatlichen Arierparagraphen in die Kirche abgelehnt und überhaupt allen Versuchen einer Gleichschaltung der Kirche widersprochen. Laut Tagungsprotokoll forderte Karl Immer in einer Wortmeldung: „Die Verantwortung zwingt uns, klar zu sagen, wo die Totalität des Staates ihre Grenze hat. Dieser Kampf muss im Land der Reformation exemplarisch durchgekämpft werden."

Am 22. April 1934 wurde im Ulmer Münster im Rahmen eines Bekenntnisgottesdienstes eine Erklärung veröffentlicht, die eine Bekenntnisgemeinschaft – bestehend aus dem von Martin Niemöller gegründeten Pfarrernotbund, freien evangelischen Synoden und den Bischöfen der „intakten", noch nicht von den Deutschen Christen dominierten Landeskirchen – verantwortet hatte. Diese Erklärung war zwar nur äußerst knapp formuliert und stellte noch kein eigenes Programm oder ein eigenes Bekenntnis dar, dennoch war ihr einleitender Satz richtungsweisend für das Selbstverständnis und das weitere Auftreten dieser kirchlichen Oppositionsbewegung. Denn indem sie einleitend verkündete: „Wir versammelten Vertreter der württembergischen und bayrischen Landeskirchen, der Freien

Synode im Rheinland, in Westfalen und Brandenburg, sowie vieler bekennender Gemeinden und Christen in ganz Deutschland erklären als rechtmäßige evangelische Kirche Deutschlands vor dieser Gemeinde und der gesamten Christenheit: (...)", erhob sie de facto den Vertretungsanspruch der „rechtmäßigen evangelischen Kirche" und markierte damit den eigentlichen Beginn der „Bekennenden Kirche".

Wenngleich ein in Ulm eingesetzter „Bruderrat" eine reichsweite Bekenntnissynode vorbereiten sollte, so war doch – wie schon bei der Freien Reformierten Synode ein knappes halbes Jahr zuvor – Karl Immer auch diesmal an der Durchführung dieser kirchenpolitisch so wichtigen Veranstaltung wesentlich beteiligt. „Unvergesslich ist mir das Augenzwinkern", weiß Leni Immer zu berichten, „mit dem mein Vater vom Zustandekommen der Synode erzählte. Er habe dem bayerischen Bischof Meiser vorgeschlagen, die Synode in München stattfinden zu lassen. Aber der habe abgewinkt. ‚Unsere Gemeinden in Bayern sind auf solch ein Ereignis noch nicht vorbereitet. Ich möchte eher an Wuppertal denken.' Da lud mein Vater die Synode in seine Gemeinde Gemarke ein. Für Freiquartiere und Verpflegung würde gesorgt sein. Er übernahm auch die Berichterstattung, zwei Hefte, die illegal gedruckt werden mussten."

Und so fand die Bekenntnissynode – die erste von insgesamt vier Bekenntnissynoden der Bekennenden Kirche – vom 29. bis 31. Mai in der Barmen-Gemarker Kirche statt. An ihr nahmen BK-Synodale (Lutheraner, Reformierte, Unierte) aus 25 Landeskirchen teil. Sie besprachen und verabschiedeten eine „Theologische Erklärung", die in ihren wesentlichen Inhalten bereits zuvor von Karl Barth (unter Mitwirkung von Hans Asmussen und Thomas Breit) entworfen worden war. Die „Barmer Theologische Erklärung" sollte als bedeutsame Bekenntnisschrift nicht nur den BK-Angehörigen Vergewisserung ihres Glaubens und Orientierung ihres kirchenpolitischen Standortes und Standpunktes geben, sondern sie wollte überhaupt den durch nationalsozialistische Ideologie und Einflussnahme gefährdeten Kirchen einen geistlichen und theologischen Kompass liefern und sie vor Verblendung und Anpassung bewahren.(10)

Gleich der erste Artikel der insgesamt sechs Thesen der „Theologischen Erklärung" hat es in sich und sorgt für klare Fronten. Nach Voranstellung der beiden Jesusworte „Ich bin der Weg und die Wahrheit und das Leben; niemand kommt zum Vater denn durch mich (Joh. 14,6)" und „Wahrlich, wahrlich ich sage euch: Wer nicht zur Tür hineingeht in den Schafstall, sondern steigt anderswo hinein, der ist ein Dieb und ein Mörder. Ich bin die Tür; so jemand durch mich eingeht, der wird selig werden (Joh. 10,1.9)", heißt es unmissverständlich: „Jesus Christus, wie er uns in der Heiligen Schrift bezeugt wird, ist das eine Wort Gottes, das wir zu hören, dem wir im Leben und im Sterben zu vertrauen und zu gehorchen haben. Wir verwerfen die falsche Lehre, als könne und müsse die Kirche als Quelle ihrer Verkündigung außer und neben diesem einen Worte Gottes auch noch andere Ereignisse und Mächte, Gestalten und Wahrheiten als Gottes Offenbarung anerkennen."

Christian Schwark bemerkt zu dieser These: „Um zu verstehen, worum es hier geht, hilft es zu schauen, was von den Deutschen Christen damals vertreten wurde. Z. B. dieses: ,Der ewige Gott' habe dem deutschen Volk ein ,arteigenes Gesetz eingeschaffen', das im Führer Adolf Hitler und dem von ihm geformten NS-Staat Gestalt gewonnen habe. ,Dieses Gesetz spricht zu uns in der aus Blut und Boden erwachsenen Geschichte unseres Volkes.' Das Alte Testament sei gegenüber dem Neuen Testament minderwertig und dokumentiere nur die ,überwundene' jüdische Volksreligion. (…) In Hitler sei ,Christus, Gott der Helfer und Erlöser, unter uns mächtig geworden'. Hitler bzw. der Nationalsozialismus sei ,jetzt der Weg des Geistes und Willens Gottes zur Christuskirche deutscher Nation'."(11)

„Pressebischof" der Bekennenden Kirche

Karl Immer wurde auf der Barmer Bekenntnissynode in den Reichsbruderrat und von der Synode der evangelischen Kirche der altpreußischen Union auch in deren Bruderrat gewählt. Er fand auf diesen Bruderratssitzungen, die mit vielen Reisen verbunden waren, nicht nur „meist ein gutes seelsorgerliches Wort, das weiter half" (Robert Steiner), sondern er war es auch, der dafür Sorge trug, dass die Beschlüsse und Verlautbarungen der Bekennenden Kirche, aber auch die Mitteilungsschriften des Coetus(12) gedruckt wurden und eine weite Verbreitung erfuhren. Kein Wunder, dass man Karl Immer schon bald als „Pressebischof" der Bekennenden Kirche bezeichnet hat und das Gemarker Pfarrhaus als „unseres Herrgotts Kanzlei".

Doch dieser für die reibungslose Kommunikation der BK so immens wichtige Dienst war nicht nur zeitraubend, er war auch alles andere als ungefährlich. Er geschah in Gefahr, in Bedrohung und unter Missachtung von Verboten. Oft mussten „kreative" Wege und Lösungen gefunden werden, damit die Schriften überhaupt vervielfältigt und versandt werden konnten. Eine Vorstellung von den Schwierigkeiten (aber auch von den ideenreichen Lösungsstrategien) vermittelt uns Leni Immer in ihrem Bericht über das Kopieren und die Verteilung der Couetusbriefe, indem sie schreibt: „Die Coetusbriefe nudelten wir Kinder auf dem Speicher auf einer vorsintflutlichen Vervielfältigungsmaschine durch. Die Leitung hatte der Hausmeister des Klingelholler Gemeindehauses, der auch später mit zuständig für den Transport war, Adolf Frielinghaus. Mit diesen Coetusbriefen begann ein Versteckspiel, das wir Kinder zunächst lustig fanden. Auf die Briefumschläge ließ mein Vater zum Beispiel einen springenden Hirsch drucken, damit man annehmen musste, hier handle es sich um eine Jägervereinigung. In jeden Briefkasten durfte man nur zwei Briefe desselben Formats werfen – das bedeutete lange Wanderungen durch die Stadt. Als auch diese Methode später zu gefährlich wurde, musste man den Transport in Lkws durchführen, die man zur Tarnung mit Margarinepostern oder Persilreklame beklebte." Auch fand Karl Immer stets einen Drucker, der zum Eingehen des Risiko bereit war, das mit dem Ausdrucken von Berichten der Bekenntnissynoden und anderer von ihm herausgebrachten Publikationen verbunden war.

„Hier wohnt Volksverräter Immer"

Am 29. März 1936 wurde in Deutschland ein neuer Reichstag gewählt. Bei dieser Wahl sollte zugleich dem zuvor erfolgten Einmarsch deutscher Truppen in die entmilitarisierte Zone des Rheinlands zugestimmt werden. Karl Immer sieht sich in einem Gewissenskonflikt und beschließt, nicht an der Wahl teilzunehmen – und entfesselt damit einen Sturm der Entrüstung und des Hasses.

Diesen Vorgang schildert Leni Fischer aus eigenem Erleben so: „Dann gab es einen furchtbaren Aufruhr. Wir hatten die Klingel abgestellt, aber vor dem Haus hörten wir die Sprechchöre der SA und der HJ: ‚Wir wählen unseren Führer! Pastor Immer, du hast noch nicht gewählt!' Das ging so bis abends sechs Uhr. Aber in der Nacht kamen sie wieder. Mit riesengroßen Buchstaben malten sie über die ganze Front des Hauses: *Hier wohnt Volksverräter Immer.* Dann warfen sie große Steine durch die Fenster. Einige Steine flogen in das Kinderzimmer, in dem Alida und Udo schliefen. Am nächsten Tag wurde der Aufruhr immer größer. Hunderte von aufgeregten Menschen standen vor unserem Haus. Als mein Vater zu einer Beerdigung musste und mitten durch die Volksmenge hindurch ging, riefen ihm die Menschen nach: ‚Judas Ischariot'."

Am Nachmittag desselben Tages beschließt Karl Immer, für kurze Zeit mit seiner Familie bei seinen Schwestern, die in Bethel wohnten, unterzutauchen. („Um die Menschen nicht noch länger zu reizen.") Nachdem innerhalb weniger Tage wieder Ruhe vor dem Pfarrhaus in der Klingelhollstraße 54 eingekehrt war und der Pöbel sich verzogen hatte, kamen die Immers wieder nach Wuppertal zurück.

Worin aber hatte der eigentliche Konflikt Immers gelegen, der ihn zum Wahlboykott getrieben hatte? Seinem in Berlin wohnenden Amtskollegen Martin Albertz (und über ihn der BK-Leitung) erklärte der Gemarker Pastor seine Entscheidung wenig später unter anderem so: „1. Das, was mich bei der Wahl vom 29. März zuerst und vor allem bedrückte, war die Unwahrhaftigkeit des Ansatzes. Ein außenpolitischer Ansatz wurde benutzt, um durch die Neuwahl des Reichstages der gesamten Regierung ein Placet des Volkes zu verschaffen. So standen wir vor einer zweideutigen Frage. Es hieß immer wieder: Wir können doch unser Vaterland nicht im Stich lassen und treten doch ein für die Gleichberechtigung Deutschlands, sah sich aber vor die harte Notwendigkeit gestellt, den Reichstag und damit die Reichsregierung neu zu wählen und damit seine Zustimmung zur bisherigen Innenpolitik, also auch zur Kulturpolitik der letzten drei Jahre zu geben und damit zu bezeugen: Wir sind einverstanden, wenn es so weitergeht. Diese Unlauterkeit des Ansatzes wirkte sich dann auch in der Wahl selber aus. Für ein Nein war kein Platz vorgesehen. (...) – 2. Dass für mich als Christen und Diener am Wort ein Ja zu dieser Liste nicht in Frage kam, muss ich noch begründen. Mit diesem Ja hätte ich einerseits den totalen Staat mit seinem Totalitätsanspruch über das gesamte Leben der Nation bejaht, also auch die Gleichschaltung der Kirche, also auch die Ausschaltung der Gewissensfreiheit und der Freiheit der Forschung, also auch die Aufhebung des Rechts (Recht ist, was dem Volke nützt, Recht ist, was der Führer will.) Damit hätte ich andererseits auch ganz bestimmten Personen mein Ja gegeben, vor allem Alfred Rosenberg, Minister Kerrl, Julius Streicher, Baldur von Schirach."

Die große Bedeutung, die Karl Immer für die Bekennende Kirche zukam, war den Nazis bzw. der Gestapo durchaus bewusst. Kein Wunder, dass Beamte der Gestapo seine Predigten mitschrieben, sein Telefon zeitweise abhörten oder zu Verhören und Hausdurchsuchungen bei ihm auftauchten. In einem Gutachten der Staatspolizeistelle Düsseldorf vom 25. Mai 1936 über Karl Immer heißt es, dass dieser von Anfang an in der „Bekenntnisfront eine überragende Stellung" eingenommen und sich in seinen Schriften in „staatsabträglicher Weise" positioniert habe. Auch wurde festgehalten, dass er „im Laufe der Zeit (...) in der Herausgabe derartiger Schriften eine gewisse Virtuosität entwickelt" habe. Diese ermögliche es ihm, „mehr und mehr derartig staatsabträgliche Druckschriften usw. dem behördlichen Zugriff zu entziehen". Und auch das allgemeine Fazit am Schluss des Gutachtens ist eindeutig: „Pfarrer Immer", so wird festgestellt, „ist überhaupt einer der radikalsten Verfechter der reformierten Kirchenlehre. Die allgemeine Entwicklung der politischen Verhältnisse in Deutschland nach der Machtübernahme durch den Nationalsozialismus hat es infolgedessen zwangsläufig mit sich gebracht, dass die Haltung des Pfarrers Immer in kirchlichen Fragen nicht nur auf das eigentliche Kirchengebiet beschränkt blieb, sondern mehr und mehr auf allgemein-politische Angelegenheiten übergriff. Sichtbare Beweise findet diese Tatsache in der restlosen Bejahung der Haltung des bekannten Professors Barth in Basel durch Pfarrer Immer sowie darin, dass Pfarrer Immer am 29.3.1936 sich der Stimmabgabe bei der Reichstagswahl enthalten hat. (...)"

Vertrauensvolles Verhältnis zu Karl Barth

In der Tat stand Karl Immer zu Karl Barth in einem besonders engen, ja fast schon freundschaftlich zu nennenden Verhältnis. Beide schätzten sich gegenseitig sehr und pflegten einen vertrauensvollen Briefwechsel. Mehrmals suchte Immer den Schweizer Professor in Basel auf, nachdem dieser nicht mehr selbst auf den BK-Synoden erscheinen konnte. Barth soll den Gemarker Pastor sogar als „seinen Seelsorger" bezeichnet haben.

Dass sich die beiden theologisch wie politisch unterschiedlich geprägten Männer von Anfang an ausgesprochen gut verstanden und ergänzten, mag verwundern. Robert Steiner meint in dem Zusammenhang: „Fragt man trotz aller (…) Verschiedenheiten nach einem gemeinsamen Grund, so wird man nur auf die alleinige Geltung des Wortes Gottes hinweisen können. Hier trafen sich die beiden, die so verschieden geartet waren und dann doch so fest zusammenstanden." Jedenfalls lässt sich für Karl Immer wohl sagen, dass durch seine Beschäftigung mit Barths theologischen Werken, die schon in Rysum eingesetzt hatte, und durch das persönliche Kennen- und Schätzenlernen im Kirchenkampf seinem Biblizismus und seiner reformiert-pietistischen Verankerung ein Schuss Barthscher Theologie hinzugefügt wurde. Karl Barth selbst meinte kurz nach der Barmer Bekenntnissynode in einem Brief an Karl Immer vom 1. Juli 1935 von der Schweiz aus: „Es gibt in Deutschland draußen eine ganze Reihe von Menschen, die ich erst im Laufe dieser beiden letzten stürmischen Jahre richtig kennen, achten und lieben gelernt habe, und ich denke, dass Sie mir angemerkt haben, dass dazu vor allem auch Sie gehören. Sie und ich sind reichlich verschiedenartige Geschöpfe des lieben Gottes, und in normalen Zeiten würden wir wohl nach gegenseitiger Beschnupperung mehr oder weniger achtlos aneinander vorübergegangen sein. Nun ist es anders gekommen. Ich jedenfalls habe alle Begegnungen mit Ihnen, die ich in dieser Zeit haben durfte, in heller, ja fröhlicher Erinnerung und denke, dass die zwischen uns entstandene Genossenschaft so oder so erhalten bleiben wird, auch wenn der Schauplatz für mich (…) nun etwas mehr als bisher nach Süden verlegt wird." Der Brief schließt mit den Worten: „Und nun, lieber Herr Pastor Immer, empfangen Sie selber nochmals meinen warmen Gruß. Sie wissen, dass mich auch in Zukunft jedes Wort von Ihnen – oder gar Ihr persönlicher Besuch in Basel (St. Albanring 186)! – freuen wird."

Schlaganfall nach Demütigung im Polizeigefängnis

Am 26. Mai 1937 erhält Karl Immer ein Redeverbot für das ganze Deutsche Reich. Nur noch in seiner Gemeinde in Gemarke ist es ihm gestattet zu predigen. Doch es kommt noch schlimmer: Am 5. August desselben Jahres wird er von Gestapobeamten verhaftet und noch am selben Tag nach Berlin in das Polizeigefängnis am Alexanderplatz gebracht. Dort steckt man ihn in eine Massenzelle zu vielen anderen Gefangenen. Seine Kinder lässt er später in einem Brief wissen: „Ihr wisst, liebe Kinder, dass ich mit meiner Verhaftung seit Anfang des Kirchenkampfes ständig gerechnet habe. Es war ja auch in nichts als in der Freundlichkeit Gottes begründet, dass ich (…) bis zum August 1937 nie verhaftet gewesen bin. Ich sagte mir, du bist nicht besser als deine Brüder, die nun z.T. schon so lange gefangen sind. (…) Nach Erledigung aller Formalitäten wurde mir die schwere Eisentür des Saales I,10 geöffnet, (…) Da war ich nun im Gefängnis, richtig hinter Schloss und Riegel. (…) Wir waren ein buntscheckiger Haufe. (…) Aufs Ganze gesehen ein Heer von Mühseligen und Beladenen. Schon am Abend bat ich, ob wir nicht gemeinsam unser Abendbrot mit Gebet beginnen sollten. Es erhob sich kein Widerspruch. Als es dunkelte (…), las ich für alle den Abendsegen, einen Abschnitt aus dem Alten Testament und einen aus dem Neuen, dazu ein Lied Paul Gerhardts: ‚Gib dich zufrieden und sei stille in dem Gottes deines Lebens. In ihm ruht aller Freude Fülle, ohn ihn mühst du dich vergebens. Er ist dein Quell und deine Sonne, scheint täglich hell zu deiner Wonne, gib dich zufrieden.' Auch gebetet habe ich mit den Traurigen und es war eine große Stille." Auch in den nächsten Tagen hält der Pastor aus dem Wuppertal es so: Er dankt für die (mehr als kargen) Mahlzeiten, wobei er morgens noch Losung und Lehrtext der Brüdergemeine vorliest. Vor dem Schlafen erfolgt dann der Abendsegen.

Die äußerst mangelhafte Ernährung, der Mangel an Bewegung, guter Luft und Sonne, die Unruhe im Gefängnis am Tag und in der Nacht, aber auch das Geschick seiner Mitgefangenen – das alles setzt Immer sehr zu. Und als er dann auch noch nach der zweiten Vernehmung die demütigende Prozedur der Abnahme seiner Fingerabdrücke und der fotographischen Gesichtsaufnahme über sich ergehen lassen muss – wobei ihm so recht „das Wort, das man bei meinem Herrn und Heiland wahrgemacht hat", bewusst wird: „Er ist unter die Übeltäter gerechnet" –, da erleidet er einen Nervenzusammenbruch und einen Schlaganfall.

Die völlig überforderte Stapo informiert die in der Hauptstadt lebende Pfarrfrau Marianne Albertz. Sie und ihr zu dieser Zeit in Untersuchungshaft sitzender Mann Martin gelten als Freunde des Wuppertaler Pfarrers. Marianne Albertz ist es dann auch, die dafür sorgt, dass er unter ihrer Begleitung in einem Krankenwagen in das evangelische Martin-Luther-Krankenhaus transportiert wird. Später schrieb sie über jenes Ereignis: „(…) man war sichtlich erschrocken: So hatte man sich die Wirkung der Verhaftung nicht gedacht, und ich spürte deutlich, wie den Vertretern der Stapo damals doch eine Ahnung von dem lebendig war, wen sie in Karl Immer vor sich hatten. Und dann war es soweit – ich durfte zu ihm. Ein langer, menschenleerer Korridor – darauf, verlassen, eine Tragbahre mit dem Freunde. Als ich leise herantrat, sah ich den Jammer: ein zerschlagenes Menschenbild – so schmerzensreich! Aber als ich neben ihm kniete und sagte: ‚Da bin ich', da wurde aus dem notvollen Angesicht ein wunderbar leuchtendes. Er kam aus der Fremde heim. Doch auf der Fahrt im Krankenwagen, da brach es dann leise hervor, was auf ihm lastete: Sie haben mich fotografiert – für das Verbrecheralbum; sie haben meinen Fingerabdruck genommen – für das Verbrecheralbum."

Nach der Entlassung aus dem Krankenhaus und einem Erholungs-urlaub in Wyk auf Föhr kehrte Karl Immer am 2. Oktober 1937 wieder nach Hause zurück. Aber seine Gesundheit war gebrochen. Dennoch nahm er nach einigen Wochen seinen Dienst wieder auf. Seine Frau hatte im Herbst desselben Jahres einen Brief von einem Gefangenen aus jenem Berliner Gefängnis erhalten, in dem er eingesessen hatte. In ihm ließ der Briefschreiber Tabea Immer wissen, dass die Zeit mit ihrem Mann für alle Gefangenen unver-gesslich sei. Er sei ihnen wie ein Vater gewesen, der für alle ein gutes Wort gehabt und sein letztes Stück Brot mit ihnen geteilt habe.

Am 9. November 1938 werden auch in Wuppertal die Synagogen zerstört und in Brand gesetzt und die Geschäfte der Juden geplündert und demoliert. Daraufhin gestaltet Karl Immer an dem darauffolgenden Sonntag den Gottesdienst in der Gemarker Kirche zu einem regelrechten Bußgottesdienst. Gleich zu Beginn weist er die vielen Gottesdienstteilnehmer darauf hin, dass nicht weit von ihrer Kirche das Wort Gottes verbrannt worden sei. (Immer spielte damit auf den Brand der Synagoge in der Zur-Scheuren-Straße an.) Vor der Predigt verliest er dann eine ganze Reihe bewusst ausgewählter Bibeltexte, die einen nicht zu übersehenen Bezug auf das jüdische Volk und die erfolgte Pogromnacht nehmen. Unter ihnen ist auch das Gleichnis vom barmherzigen Samariter oder jenes Gotteswort, das einst der Prophet Sacharja dem Volk Israel kundtat und das eine Warnung an alle Feinde Israels beinhaltet: „Denn so spricht der Herr Zebaoth, der mich gesandt hat, über die Völker, die euch beraubt haben: ‚Wer euch antastet, der tastet meinen Augapfel an.'(Sach 2,12) In seiner Predigt sagt Immer: „Seht ihr es nicht, dass die Dämonen des Teufels heute losgelassen sind?" Gegenüber dem hannoverschen Landesbischof Marahrens wird er später bezüglich der Vorgänge vom 9. November 1938 von einer „Blutschuld" sprechen.

Im September 1939 brach Hitler den Zweiten Weltkrieg vom Zaun. Wie sich Udo Smidt erinnert, mutmaßte Karl Immer: „Tyrannen enden im Krieg. Dieser Krieg aber hat viel oder alles zu tun mit dem Bundesvolk des Alten und Neuen Testaments." Als im Krieg viele Holländer zwangsverpflichtet in Wuppertal arbeiten mussten, war es für den Gemarker Pastor eine Selbstverständlichkeit, sie an den Sonntagen in das Gemarker Gemeindehaus zu einer Teestunde einzuladen, um ihnen Gemeinschaft zu bieten und mit dem Wort Gottes zu dienen. Im Buß- und Bettagsgottesdienst des Jahres 1943, in dem Jahr also, als Wuppertal erstmalig von fürchterlichen Luftangriffen heimgesucht worden war, lässt er die Gemeinde wissen: „Die Wendung zum Verderben (Immer meint hier die Abkehr von den Geboten Gottes im deutschen Volk; M.H.) bringt allemal der Zorn des heiligen Gottes. Denn er kann denen, die ihn und sein Wort und seine Gebote verachten, nicht gnädig sein. Der lebendige

Gott ist auch der heilige Gott. Gott lässt sich nicht spotten; was der Mensch sät, das wird er ernten. (...) Gott hat uns in seinem Zorn unsere Gemarker Kirche genommen. Meint ihr, dass er uns ob unseres Unglaubens und unseres Ungehorsams nicht auch noch die anderen Predigtstätten nehmen könnte? So lasst uns denn einer den andern alle Tage ermahnen: ‚Heute, so ihr seine Stimme hört, so verstocket eure Herzen nicht.'"

Karl Immer hinterlässt eine Lücke, die „sich nie schloss"

Karl Immer sollte den Ausgang des Zweiten Weltkrieges nicht mehr erleben. Als er am 6. Juni 1944 an den Folgen eines weiteren Schlaganfalls plötzlich starb, war das für viele Menschen ein Schock und löste bei ihnen große Trauer aus. Zu ihnen gehörte auch der damals dreizehnjährige Johannes Rau, der spätere Bundespräsident. Karl Immer war für ihn wie ein zweiter Vater gewesen, so nah war sein Verhältnis zu dem Verstorbenen. Wenn es in der Schule Zeugnisse gab, dann hatte er sie zuerst ihm gezeigt. Die Raus wohnten nicht weit entfernt von den Immers und gehörten zur Gemarker Gemeinde. Die Familien kannten sich gut, zumal Johannes Raus Vater Vereinssekretär beim Blauen Kreuz und selbst ein guter Prediger war. Mit Udo, dem jüngsten Immer-Sohn, pflegte Johannes eine enge Freundschaft. Karl Immer liebte es, sich bei den ihm vom Arzt empfohlenen Spaziergängen immer wieder mal von einem der Rau-Kinder begleiten zu lassen. Wenn er auf dem Weg zum Nordpark an dem Haus der Raus vorbeikam, dann konnte es vorkommen, dass er kurz klingelte oder pfiff. Und meistens war es dann Johannes, der seinem Pastor Gesellschaft leistete. „Dann erzählte er von der ostfriesischen Heimat oder davon, dass die Gegner Hitlers keine Gegner Deutschlands seien, weil unter diesem Mann Deutschland seinen Ruf und der deutsche Name seinen guten Klang verliere", erinnert sich Johannes Rau in seinem Vorwort zu Leni Immers Buch: „Meine Jugend im Kirchenkampf".

Karl Immer war ein außergewöhnlicher Mensch und Christ und von einer auffallenden Geschlossenheit in seinem Glauben und Glaubensvollzug. Für Helmut Thielicke war er jemand, der „die Dämonen auch gegen den Wind roch" und der „über das Charisma, die Geister scheiden zu können", verfügt habe. Der schon erwähnte Martin Albertz, Weggenosse Immers im Kirchenkampf, meinte, dass dieser „mit Niemöller zusammen derjenige unter uns (war), der am sichersten durch alles Blendwerk der Propaganda und durch alle Verschalungen der Diplomatie hindurchsah". Und seine Frau, Marianne Albertz, war der Ansicht, dass für sie und ihren Mann Karl Immer „der einzige Mensch (war), der nicht ersetzt worden ist, über dem sich die Lücke nie schloss". Immers Schwager Udo Smidt wiederum schreibt: „Wenn wir an ihn (gemeint ist Karl Immer; M.H.) denken, wachen nicht nur Erinnerungen auf, sondern es packt uns die ansteckende und unbekümmerte Freude seines Wirkens, das in einer seltenen Kühnheit und Einfalt und Weite durch Gottes Wort und Geist gebunden und bestimmt wurde."

Anmerkungen

(1) Gerrit Herlyn (1909-1992) war mit Wilhelmine („Minna") Immer verheiratet. Sie war Enkeltochter des Missionars K. E. Immer und Schwester von Karl Immer, einem seiner sechs Söhne. (Zu Gerrit Herlyn siehe Matthias Hilbert, „Ostfrieslands leidenschaftliche Pastoren. Sieben Pastorenporträts", S. 17ff.)

(2) Karl Immer meint hier seinen Bruder Hermann, der später die Pfarrstelle seines Vaters in Manslagt übernommen hatte.

Über die damalige Erweckung in Manslagt (und anderen Teilen der Krummhörn) hat Hermann Immer selbst 1925 in seinem Aufsatz „Erweckungen in Ostfriesland" (veröffentlicht im Reformierten Jahrbuch 1, 1925/26) berichtet. Dabei weist er auch auf das Phänomen der damals in den ostfriesischen reformierten Gemeinden vorherrschenden „Abendmahlsscheu" hin, die sich seit etwa dem 18. Jahrhundert eingestellt hatte. Dabei hatten die Gemeindeglieder infolge des Bewusstseins der Heiligkeit Gottes und der eigenen Sündenerkenntnis (und fehlenden Heilsgewissheit) eine große Angst davor entwickelt, „unwürdig" das Abendmahl einzunehmen. Was nun die aufgetretene Erweckung und ihre Folgen betraf, so meinte Hermann Immer u. a.: „Wenn jetzt in Ostfriesland an vielen Orten der Bann der knechtischen Furcht zu weichen beginnt und der Glaube an die auf Golgatha vollbrachte Erlösung sonnenmächtig durchbricht und es in den Gemeinden und Kirchen (...) anfängt hell zu werden, so kann das ganz gewiss einzig und allein (...) nur ein Werk des Geistes Gottes sein, aber der Dienst der Kirche und der Prediger ist auch hier ein Werkzeug in Gottes Hand gewesen. (...) – Dies ist ja das größte Wunder, das Gottes Geist vollbringt, einen stolzen Menschen so in den Staub zu beugen, dass er die am Kreuz von Golgatha ausgesprochene Begnadigung ohne weiteres annimmt, ohne irgendeine subjektive Bestätigung, aber auch ohne irgendeine Gegenleistung – umsonst. Dies Wunder geschieht nun hie und da in friesischen Landen, dass Menschen begreifen, was sie zweihundert Jahre nicht fassen konnten, nämlich, dass die Sünder zum Heiland kommen dürfen, so wie sie sind. (...) Warum es gerade jetzt geschieht, und wie es zustande kommt, das bleibt ein Geheimnis. (...) Gewiss hat die schwere Erschütterung des Krieges wie an anderen Orten so auch hier das Innerste der Seelen aufgewühlt. (...) Bemerkenswert ist auch das Hervortreten der Jugend, besonders der männlichen Jugend, in der ostfriesischen Erweckungsbewegung. (...) Vielerorts war es die männliche Jugend, die den Anfang machte und in kühnem, frohen Glauben den Bann der Furcht durchbrach. Junge Männer, Bauernknechte, die mit einem Male am Abendmahlstisch erschienen! (...) Bald folgten den Jungen die Alten nach. (...) – Es kommt (...) darauf an, den Charakter der Gesamtbewegung zu schildern aus der vorangegangenen geschichtlichen Entwicklung und aus dem jetzt zutage tretenden Ergebnis. Und da zeigt sich uns ein wesentliches Merkmal reformierter Frömmigkeit: ‚Die Erkenntnis der Heiligkeit Gottes.' Sie ist es ja, die der Abendmahlsscheu zugrunde liegt, und sie ist auch ein Grundzug der gegenwärtigen Bewegung, wie sie überhaupt das Merkmal einer gesunden geistlichen Erweckung ist, man denke an Nias. Wie dort die Furcht Gottes auf ein ganzes Volk fiel, so überschattete sie in den letzten Jahren bald hier bald dort eine ostfriesische Gemeinde und wirkte ihre unbeschreiblichen Wunder. Starke Männer wurden ergriffen von dem Heimweh nach Gott, ob sie auch lange sich gesträubt und vielleicht seit vielen Jahren die Kirche gemieden hatten. (...) Männer, die wie aus Eichenholz geschnitzt waren, beugten ihren stolzen Nacken in bitterer Sündennot, liefen wochenlang ruhelos umher (...), mochten nicht mehr essen und nicht mehr schlafen, wurden mager und krank vor Heimweh nach Gott, rangen Tag und Nacht, um zum Frieden zu kommen, bis sie's erkannten: Der Friede i s t errungen! Du darfst im Glauben eingehen in die Ruhe! – (...) Die elementare Wucht, mit der die Bewegung bald hier, bald dort durchbricht, deutet nicht auf rein lokale Erscheinungen hin, sondern zeigt, dass in diesem Volk etwas reif werden möchte, was sich lange vorbereitet hat. Bemerkenswert ist auch, dass neuerdings ebenfalls aus dem lutherischen Südosten Ostfrieslands Berichte einer Erweckung kommen, die immer weiter um sich greift und Großes ahnen lässt. Die geschichtlichen Vorbedingungen sind in jenem lutherischen Gebiet ganz anderer Art. – Eins darf nicht unerwähnt bleiben: Die Bedeutung der Evangelisation für die Erweckungsbewegung. Es sei unumwunden zugestanden, dass Gott an den meisten Orten den Dienst der E v a n g e l i s t e n benützt hat, um seine Ernte einzubringen. (…) Hier muss aller Menschenruhm zunichte werden, darum trägt Gott dem einen auf, in stiller, treuer Vorarbeit zu pflügen und zu säen, und lässt einen anderen in seine Ernte kommen, der die Gabe des Schneidens hat, (…)"

(3) Es gibt eine sehr schöne Aufnahme des sechsköpfigen Gemarker Pastorenkreises, die sehr gut den geistlichen Zusammenhalt ihrer Mitglieder symbolisiert, indem es die sechs Pastoren mit fröhlichen Gesichtern einander untergehakt zeigt. Karl Immer jun. berichtet, dass Karl Barth den Gemarker Ältesten Willy Halstenbach einmal um Aufklärung über die harmonische Zusammenarbeit der sechs doch in ihrer Eigenart und Eigenständigkeit so unterschiedlichen Gemeindepastoren gebeten habe. Woraufhin dieser mit folgendem Bild antwortete: „In einem Steinbruch sind Männer an der Arbeit: An einer Stelle steht Pastor Immer und bricht einen Stein los; er gibt ihn an Pastor Obendiek weiter, der den Stein behaut und begutachtet; nach eingehender Überprüfung übergibt Obendiek den Stein an Pastor Humburg weiter; dieser nimmt ihn und schleudert ihn unter das Volk; und bei ihm stehen unsere anderen Pastoren und zeugen von dem Stein."

(4) Udo Smidt schrieb einmal über Karl Immer, dass dieser „eine Initiative zum Handeln (hatte), die aus der unerschrockenen Einfalt des Glaubens kam. Er hatte eine Witterung für das Große und Wesentliche, das geschehen musste, ohne dass er sich je für einen Theologen oder Prediger von besonderem Format gehalten hätte. (…) Es war eine Atmosphäre der Natürlichkeit und Sachlichkeit und der Klarheit in seinem Wesen. Eins aber hat von seiner ersten Gemeindearbeit her ihn beschäftigt, dass *von der Predigt her* die Erweckung, Erbauung und Erneuerung der Gemeinde und ihrer Diener geschehen möge.

(5) Die anfängliche Kritiklosigkeit so mancher Christen gegenüber Hitler erklärt Leni Immer so: „Adolf Hitler sprach in seinen Reden immer wieder von dem ‚positiven Christentum' und davon, dass er Menschen aus beiden großen Kirchen als seine besten Mitarbeiter brauche. Damals bildeten sich in christlichen Kreisen fromme Legenden, die wirklich geglaubt wurden." So wurde etwa kolportiert, dass Hitler täglich die Herrnhuter Losungen benutze und dass der fromme „Posaunengeneral" Kuhlo ihm auf dem Obersalzberg Choräle vorgespielt habe. „Wenn man dann", so Leni Immer, „von rohen Gewalttaten hörte, die von SA-Männern begangen wurden, dann war die stehende Redewendung: ‚Der Führer weiß das nicht…' oder ‚Wenn das der Führer wüsste!'" Sie selbst hatte noch als 17-jährige Jugendliche bei Hitlers Ernennung zum Reichskanzler in ihr Tagebuch vermerkt: „Ich erlebe ganz

bewusst diese große Zeit, in der Deutschland aufgewacht ist, und jeder sich nicht mehr als ein treibendes Blatt, sondern als ein Glied des großen Ganzen empfindet."

(6) Nach Jürgen Hoogstraat „(verband) die Neugründung des deutschen Coetus ostfriesisch geprägtes Reformiertentum mit der pietistischen Frömmigkeit des Wuppertales. Der bedeutende Theologe Karl Barth hatte enge Beziehungen zu den Mitgliedern dieser Gruppe. Zu Karl Barth stieß damit ein pietistisch geprägter Kreis von Predigern, der seine Wurzeln tief in der reformierten Kirche des Rheinlandes und Ostfrieslands hatte. Der Coetus der reformierten Prediger stand in ständigem Kontakt zur Bekennenden Kirche Ostfrieslands." – Zu dem von Hoogstraat erwähnten „pietistisch geprägten Kreis von Predigern", die damals, aus Ostfriesland stammend, in Wuppertal wirkten und im Coetus wie auch in der BK eine nicht unbedeutende Stellung einnahmen, zählten neben Karl Immer nicht zuletzt auch Hermannus Obendiek, Hermann Klugkist Hesse sowie Hermann Albert Hesse. Nach einer Mitteilung von Adalbert Immer, einem Enkel von Karl Immer, haben diese „Wuppertaler Ostfriesen" – in dem Bewusstsein, dass sie womöglich abgehört wurden – bei telefonischen Kontakten und Absprachen bevorzugt Platt gesprochen und überdies auch gerne Bibelverse als Code für bestimmte bzw. riskante Aussagen und Hinweise verwendet. – Ein weiterer ostfriesischer reformierter Geistlicher, der ein profilierter BK-Vertreter war, war Heinrich Oltmann, der allerdings bis zuletzt in Ostfriesland wohnte und hier der Gemeinde Loga als Pastor diente. Auf der Bekenntnissynode vom 29. bis 31. Mai 1934 in Barmen hielt er ein Grundsatzreferat. (Zu den genannten Personen siehe auch: Paul Weßels: Nicht hoffnungslos, sondern handelnd. Heinrich Oltmann (1892.1937) – Ein reformierter Pastor im Kirchenkampf. Wuppertal 2002)

(7) Immer pflegte ein sehr vertrauensvolles, fast schon partnerschaftlich zu nennendes Verhältnis zu seinen Kindern und hielt viel vom Dialog und Austausch mit ihnen. Leni Immer selbst beschreibt das Eltern-Kind-Verhältnis und überhaupt ihre Kindheit dann auch so: „Wir hatten ein schönes, glückliches Familienleben. Die Eltern ließen uns fühlen, dass sie jedes ihrer Kinder für ein kostbares Geschenk hielten, dessen Persönlichkeit geachtet wurde. Zu dem Erziehungsgrundsatz seines eigenen Vaters: ‚Sie dürfen alles, was nicht schlecht ist', fügte mein Vater noch hinzu: ‚Frömmigkeit verträgt sich nicht mit Unnatur.' Er wünschte sich normale, fröhliche Kinder, die auch ihren christlichen Glauben natürlich und heiter lebten."

Bereits mit Beginn des Kirchenkampfes hatte Karl Immer nicht nur seine Frau, sondern ganz bewusst auch seine Kinder – ihrem jeweiligen Alter angemessen – über die politischen und kirchlichen Auseinandersetzungen in Kenntnis gesetzt. Denn er war sich bewusst, dass sie aufgrund seiner eigenen entschiedenen und profilierten (Oppositions-)Haltung zwangsläufig zu Mitbetroffenen des Kirchenkampfes werden würden. „Sie sollen so viel wie möglich wissen, nur dann können sie zu uns halten", so seine Ansicht.

(8) Bezeichnend für Immers Mut, Entschlossenheit und Entschiedenheit im Kirchenkampf ist nicht nur, dass er in dem Berichtsheft über die Freie Reformierte Synode zu Barmen-Gemarke am 3./4. Januar 1934 auf das Titelblatt das Motto Zwinglis setzen ließ: „Tut um Gottes Willen etwas Tapferes", sondern bezeichnend für seine Widerstandsbereitschaft ist auch die folgende Passage in einer Ansprache von Hans-Ulrich Stephan in einem Gedenkgottesdienst für Karl Immer am 1. Mai 1988: „Als Ende 1934 manche Mitglieder der Bekennenden Kirche das Ende des Kirchenkampfes herbeisehnten, schrieb er (= Immer; M.H.) im Hinblick auf sie: ‚... nun kommen die vielen, deren Friedens- und Harmoniebedürfnis größer ist als der Hunger nach Wahrheit und als die Furcht vor dem König aller Könige. Ihnen rufen wir zu: ‚Wer blöde und verzagt ist, der kehre um' (Richter 7,3). Unsere Reformatoren haben ein Menschenalter in Unruhe und Kampf, in Verkennung und zum Teil in Verbannung leben müssen, und wir sollten bereits nach 1 ½ Jahren verzagen?' ‚Nur vor einem sollten wir uns hüten wie die Pest: dass die säkulare Gesinnung bei uns wie bei so vielen den Sieg davontrage.' Durch diese Haltung wurde Bruder Immer zum ‚Zugpferd' im Gemarker Presbyterium, im Reichsbruderrat der Bekennenden Kirche, im Preußischen Bruderrat und bei der Herausgabe der Briefe des Coetus Reformierter Prediger. (…) In einer seiner Predigten fragte Bruder Immer selbst: ‚Worin besteht das Kämpfen?' Seine Antwort: ‚In erster Linie im Gebet. Danach kommt das Zeugnis in Wort und Wandel.'"

Bei der Beerdigung von Karl Immer am 13.6.1944 hatte sein Freund und Amtskollege Hermannus Obendiek in seiner Trauerpredigt über den Verstorbenen gemeint, „dass in seiner Nähe, abgesehen von allen praktischen Wegweisungen, es uns immer ein wenig leicht gemacht wurde zu glauben, das heißt praktisch: der Angst abzusagen, jener Feigheit zu wehren, die aus der Todesfurcht kommt, als deren Knechte wir nach der Schrift empfunden werden."

(9) Überhaupt konnte sich Karl Immer während der Nazizeit auf seine Gemeinde verlassen. Spätestens seit 1934 gab es eine regelrechte Eintrittswelle von Gemeindegliedern in die BK, die Leni Immer so schildert: „Die Gemeinde Gemarke war aufgewacht. In Scharen ließen sich die Menschen in den ‚Bund für Bibel und Bekenntnis' aufnehmen. Auch ich freute mich über die grüne Karte, die mir Eintritt zu allen Bekenntnisversammlungen verschaffte. Die Kirchen füllten sich, der Zusammenhalt

unter den Menschen in der Gemeinde wurde enger. der Kirchengesang war kaum wiederzuerkennen – so kräftig und von Herzen hatten die Gemarker lange nicht mehr gesungen. (...) Plötzlich hatten die Männer und Frauen angefangen, das ‚Vater Unser‘ und das Glaubensbekenntnis laut mitzubeten. Das war keine Pastorenkirche mehr, sondern hier feierte eine mündige Gemeinde ihren Gottesdienst.“

(10) Die Barmer Theologische Erklärung (BTE) wurde nach 1945 von der Evangelischen Kirche in Deutschland (EKD) als wegweisendes Lehr- und Glaubenszeugnis in das Evangelische Gesangbuch aufgenommen. In einigen Mitgliedskirchen der EKD werden die Geistlichen bei ihrer Ordination auf dieses Bekenntnis verpflichtet. Bei einigen Reformierten Kirchen zählt die BTE zu den offiziellen Bekenntnisschriften.

(11) Schwark verweist bei diesen Ausführungen auf einen Aufsatz von Martin Heimbucher und Rudolf Weth („Die Beschlussfassung zur Theologischen Erklärung von Barmen“) in: „Die Barmer Theologische Erklärung“, Neukirchen-Vluyn 2009.

Im Übrigen gibt Christian Schwark im Zusammenhang mit der ersten These der Barmer Erklärung zu bedenken: „Die Geschichte der Kirche zeigt: Immer wieder hat sich die Kirche an ihre Umgebung angepasst. Ob im Mittelalter, in der Aufklärung oder im Nationalsozialismus. (...) Natürlich können wir heutige Entwicklungen nicht mit der Nazi-Zeit gleichsetzen. Aber es gibt doch Dinge, die im Prinzip ähnlich sind. (...) Auch heute ist es sehr anstößig zu sagen: ‚Nur Jesus ist der Weg zu Gott.‘ (...) Und wie ist es mit den anderen ‚Ereignissen‘ und ‚Mächten‘? Damals sprach man vom Nationalsozialismus als neuer Weltanschauung. Alles andere wurde als veraltet und rückständig hingestellt. So etwas Ähnliches kann man heute auch beobachten. (...) Da frage ich: Ist das, was heute gedacht wird, denn immer besser als das, was früher gedacht wurde? Sind wir besser oder klüger als unsere Vorfahren? (...) Von der Barmer Erklärung können wir lernen, alles zu prüfen (...) Entscheidend bei der Prüfung ist, dass wir den richtigen Maßstab haben. Also nicht fragen: Was ist heute modern? Was kommt heute bei der Mehrheit der Leute an? Sondern: Was steht in der Bibel? Und wir dürfen dabei nicht Jesus gegen die Bibel ausspielen. (...) Es bringt ja nichts, wenn wir einen Fantasie-Jesus haben. Der dann bei jedem anders aussieht. Darum betont die erste These: ‚Jesus Christus, wie er uns in der Heiligen Schrift bezeugt wird‘.“

(12) In den Coetus-Briefen pflegte Immer sich derart entschieden zu äußern und eine so klare Sprache zu führen, dass sie nach seinem Freund,

dem Berliner BK-Pfarrer Martin Albertz „der Schrecken aller ängstlichen Gemüter in der Bekennenden Kirche" waren.

(13) In diesem Gottesdienst verlas Karl immer während seiner Predigt auch ein Wort, das die Bekenntnissynode der Preußischen Kirche zum Bußtag verfasst hatte. Damit bekannte er sich gleichzeitig zu solch unmiss-verständlichen, politisch brisanten Aussagen wie diesen: „Durch unser Volk und selbst durch unsere evangelischen Gemeinden und Kirchen und christlichen Familien geht eine große, ständig wachsende Unsicherheit darüber, ob die heiligen 10 Gebote Gottes noch gültig sind. Viele lassen sie nicht mehr in ihrem unerbittlichen Ernst gelten, nicht wenige verwerfen sie offen. (…) Solche Verachtung Gottes und seiner heiligen Gebote ist eine große, erschreckend wachsende Not und Schuld. Denn die heilige Schrift warnt: ‚Irret euch nicht, Gott lässt sich nicht spotten. Denn was der Mensch sät, das wird er ernten' (Gal 6,7). Wir dürfen Gottes Wort nicht verkehren, das heilsame nicht unheilvoll (…) nennen lassen. Wir dürfen nicht mensch-liche Gesetze und Ordnungen verherrlichen, als wären sie Gottes Werk. Die Kirche darf sich das Recht nicht nehmen lassen, Gottes heilige Gebote zu predigen. Nur wo sie die Übertretung der heiligen Gebote Gottes Sünde nennt, kann sie auch die Gnade Gottes und die Vergebung der Sünden, Heil und Seligkeit durch Christus verkündigen. (…) Wehe uns und unserem Volk, wenn wir, statt dem dreieinigen Gott die Ehre zu geben, menschliche Gedanken über Gott und Mächte dieser Welt zu selbstgewählten Götzen erheben. (…) Wehe uns und unserem Volk, wenn die Heilige Schrift als Judenbuch verlästert (…) wird. (…) Wehe uns und unserem Volk, wenn die Kinder in Gegensatz zu den Eltern gebracht, die Autorität der Eltern geschmälert und ihre von Gott gesetzte Erziehung untergraben wird. (…) Wehe uns und unserem Volk, wenn das von Gott gegebene Leben für gering geachtet und der Mensch, nach dem Ebenbilde Gottes geschaffen, nur nach seinem Nutzen bewertet wird, wenn es für berechtigt gilt, Menschen zu töten, weil sie für lebensunwert gelten oder einer anderen Rasse angehören, wenn Hass und Unbarmherzigkeit sich breit machen. (…) Wehe uns und unserem Volk, wenn die Ehre des Menschen und sein guter Ruf verletzt werden und wenn menschlichen Zwecken auch Unwahrhaftigkeit und Betrug dienen dürfen. (…)"

Literatur- und Quellennachweis

Barmer Bekenntnissynode: https://de.wikipedia.org/wiki/Barmer_Bekenntnissynode

Barmer Theologische Erklärung: https://de.wikipedia.org/wiki/Barmer_Theologische_Erklärung

Deutsche Christen: https://de.wikipedia.org/wiki/Deutsche_Christen)

Herlyn, Gerrit:„Ich will euch trösten wie eine Mutter tröstet" – Gerrit Herlyn erzählt aus dem Leben seiner Mutter. Weener 1987

Herlyn, Gerrit: Zum Gedenken an Karl Immer. In: Sonntagsblatt für evangelisch-reformierte Gemeinden 9/1984, S. 5 u. 10/1984, S. 5

Hoogstraat, Jürgen: Karl Immer. Ostfriesischelandschaft.de/fileadmin/user_upload/BIBLIOTHEK/BLO/Immer.pdf sowie BLO II, Aurich 1997, 186-188

Immer, Hermann: Erweckungen in Ostfriesland. In: Reformiertes Jahrbuch 1, 1925/1926, S. 123-135

Immer, Leni: Meine Jugend im Kirchenkampf. Mit einem Vorwort von Johannes Rau. Stuttgart 1994 (2. Aufl.)

Immer, Karl: Heimatlicht auf den Weg junger Menschen. Moers 1934 (3. Aufl.)

Klappert, Bertold u. Norden, Günther van: Tut um Gottes Willen etwas Tapferes. Karl Immer im Kirchenkampf. Neukirchen-Vluyn 1989

Kleine, Rolf u. Spruck, Matthias: Johannes Rau. Eine Biographie. München 1999

Schwark, Christian: Jesus Christus ist das eine Wort Gottes. In: idea 4/2021, S. 20-22

Smidt, Udo: Wie das Licht nach der Nacht. Aus hellen Tagen einer Krummhörner Dorfgemeinde. Krummhörn-Visquard 2020 (Neuauflage des Originalausgabe „Im Morgenlicht" aus dem Jahr 1972)

Steiner, Robert: Karl Immer. In: Arno Pagel (Hg.): Er bricht die Bahn". Marburg 1979, 167-176

Ulmer Erklärung: https://de.wikipedia.org/wiki/Ulmer_Erklärung

Zum Autor

Matthias Hilbert ist Lehrer i. R. mit Vokation in Evangelischer Religion. Er wohnt in Gladbeck und ist selbst Pastorensohn. Sein Abitur hat er auf dem Ubbo-Emmius-Gymnasium in Leer/Ostr. gemacht. Folgende Bücher sind bisher von ihm erschienen: „Hermann Hesse und sein Elternhaus – Zwischen Rebellion und Liebe"; „Fromme Eltern – unfromme Kinder? Lebensgeschichten großer Zweifler"; „Gottsucher. Dichter-Bekehrungen im 19. und 20. Jahrhundert, Zwölf Dichterporträts"; „Unvergessene Pastoren und Evangelisten. Sechs Lebensbilder" sowie „Ostfrieslands leidenschaftliche Pastoren. Sieben Pastorenporträts". Außerdem ist er Verfasser zahlreicher Artikel in verschiedenen Zeitungen und Zeitschriften.

Für 2022 sind folgende Bücher geplant:

Matthias Hilbert

Unvergessene Missionspioniere des 19. Und 20. Jahrhunderts

Sieben Lebensbilder

Jim Elliot – Hermann Gundert – Ludwig Nommensen – Samuel Hebich – David Livingstone – Charles T. Studd – Hudson Taylor

sowie

Matthias Hilbert

Unvergessene deutsche Erweckungsprediger

Sieben Lebensbilder

Johann Christoph Blumhardt – Ludwig Harms – Johann Heinrich Volkening – Ludwig Hofacker – Ernst Modersohn – Tillmann Siebel – Jakob Vetter

Matthias Hilbert

Ostfrieslands

leidenschaftliche Pastoren

Sieben Pastorenporträts

Ostfrieslands leidenschaftliche Pastoren stellt auf lebendige Weise die gewissenhaft recherchierten Lebensbilder von sieben markanten ostfriesischen Pastoren vor, deren Wirken, nicht nur, für die ostfriesische Kirchengeschichte von großer Bedeutung gewesen ist: Hans Bruns und Remmer Janßen, beide ev.-lutherisch, Gerrit Herlyn, Heinrich Oltmann und Carl Octavius Voget, alle ev.-reformiert, den methodistischen Friesenapostel Franz Klüsner sowie den baptistischen Theologen im Bauernrock Harm Willms. Gleichzeitig liefert das Buch auch einen kirchengeschichtlichen Beitrag zu den christlichen Erweckungsbewegungen im Ostfriesland des 19. und 20. Jahrhunderts sowie zum Verhalten ostfriesischer Pastoren im Dritten Reich. Abgerundet wird der Band durch eine kleine Studie über den frommen Background der bekannten ostfriesischen Schrift-stellerin Wilhelmine Siefkes: Wilhelmine Siefkes - Mennonitin und Sozialdemokratin.

Ostfrieslands leidenschaftliche Pastoren

von Matthias Hilbert

Sieben Pastorenporträts

128 Seiten, € 9,90,

ISBN: 9783750427747

Matthias Hilbert

Unvergessene Pastoren und Evangelisten

Sechs Lebensbilder:

Fritz Binde

Wilhelm Busch

Paul Deitenbeck

Heinrich Kemner

Friedrich Sondheimer

Corrie ten Boom

Es sind außergewöhnliche Persönlichkeiten, die in diesem Buch porträtiert werden:
Fritz Binde, der Anfang des 20. Jahrhunderts eine radikale Wende vom Sozialisten und Nihilisten zum überzeugten Christen durchmachte und später so gewaltig predigte, dass Arbeiter, die ihm zugehört hatten, einmal gemeint haben sollen, dass gegen ihn fünfzig Bebel nicht ankämen. Wilhelm Busch, der legendäre Essener Jugendpfarrer. Der Sauerländer Paul Deitenbeck, einer der bedeutesten Protagonisten der Pietisten und Evangelikalen im Nachkriegsdeutschland. Heinrich Kemner, Gründungspionier eines großen geistlichen Rüstzentrums in der Lüneburger Heide. Der baptistische Volksmissionar Friedrich Sondheimer, der erstaunliche Gebetserhörungen erlebte. Die holländische Uhrmacherin Corrie ten Boom, die erst von den Nazis verfolgt wurde und später weltweit für Versöhnung untereinander und mit Gott eintrat. Bei ihnen bestätigt sich das Wort von Augustinus: Nur wer selbst brennt, kann andere entzünden!

Unvergessene Pastoren und Evangelsiten

von Matthias Hilbert

Sechs Lebensbilder:

Fritz Binde – Wilhelm Busch – Paul Deitenbeck –

Heinrich Kemner – Friedrich Sondheimer – Corrie ten Boom

132 Seiten, € 9,90,

ISBN: 9783753442235

Matthias Hilbert

Gottsucher

Dichter-Bekehrungen im 19. und 20. Jahrhundert
Zwölf Dichterporträts

G. K. Chesterton
Fjodor M. Dostojewski
Graham Greene
Sören Kierkegaard
C. S. Lewis
Alexander Solschenizyn
Leo N. Tolstoi
Carl Zuckmayer
Alfred Döblin
Heinrich Heine
Karl Jakob Hirsch
Franz Werfel

Matthias Hilbert **Gottsucher**
Dichter-Bekehrungen im 19. und 20. Jahrhundert
Zwölf Dichterporträts: G.K. Chesterton – Fjodor M. Dostojewski –
Graham Greene – Sören Kierkegaard – C. S. Lewis – Alexander
Solschenizyn – Leo N. Tolstoi – Carl Zuckmayer – Alfred Döblin –
Heinrich Heine – Karl Jakob Hirsch – Franz Werfel

2020, 124 Seiten, Paperback, € 14,80, ISBN 9783927043787

Steinmann Verlag

„Der Spötter, der den Spott sein lässt, der Grübler, dem das Geheimnis aufgeht, der Suchende, der sich selbst und der Welt Geheimnis im sterbenden und auferstandenen Gottessohn erfährt – der Weg der Dichter und Denker zum Nazaräer hat so viele Facetten wie die Buntheit menschlichen Lebens. Matthias Hilberts Versuch, diese Suchbewegung nachzuzeichnen, ist – in Methode und Stil – mehr als gelungen." *Urs Buhlmann*

„Ein wirklicher Schatz an Fakten über 12 berühmte Dichter der letzten 200 Jahre, die alle auf ganz individuelle Art und Weise zu Christus gefunden haben. Ein Fundus an möglichen Beispielen für Predigten und Andachten, die Menschen zum Glauben einladen. Ein eindrucksvolles Zeugnis über die Kraft der Guten Nachricht im Leben großer Persönlichkeiten … Matthias Hilbert hat ein absolut lesenswertes Buch geschrieben." *Klaus-Günter Pache*

„Hilberts Gottsucher-Buch wird zu einer geistigen Entdeckungsreise – nicht nur für Freunde der Literatur – und damit zu einem einzigartigen Lesevergnügen." *Hans Steinacker*

Für das 3. Quartal 2021 ist folgender 2. Band geplant:

*Matthias Hilbert **Gottfinder***

Dichter-Bekehrungen durch die Jahrhunderte

14 Dichterporträt:s

Augustinus – Paul Claudel – Manfred Hausmann – Jung-Stilling –

Willy Kramp – Karl May – Pascal – Dorothy Sayers –

Reinhold Schneider – Rudolf Alexander Schröder –

T. S. Eliot – Francois Mauriac und Sigrid Undset

sowie dem Special „Georges Bernanos und die große Zeit

des Renouveau catholique"

2021, 148 Seiten, Paperback, ISBN 978-3-927043-83-1
Steinmann Verlag